W0196314

Gute Besserung!

Gedichte, Gedanken, Geschichten

RECLAM

MIX
Papier aus verantwor-
tungsvollen Quellen
FSC® C083411

2022 Philipp Reclam jun. Verlag GmbH,
Siemensstraße 32, 71254 Ditzingen
Umschlaggestaltung: zero-media.net
Umschlagabbildung: FinePic®
Druck und buchbinderische Verarbeitung:
CPI books GmbH, Birkstraße 10, 25917 Leck
Printed in Germany 2022
RECLAM ist eine eingetragene Marke
der Philipp Reclam jun. GmbH & Co. KG, Stuttgart
ISBN 978-3-15-011393-6
www.reclam.de

Inhalt

»Niesen ist unmodern geworden«

Von Husten, Schnupfen, Heiserkeit

»Mitunter muss der Doktor her«

Bei Gebrechen besser den Arzt oder
die Apothekerin sprechen

8 **»Wie himmlisch Freude labt nach Schmerzen«**

Ein hartes Stück Genesungsarbeit

»Auch durch ein Nadelöhr kann man Zugluft bekommen«

Über Hypochonder und Simulantinnen

Viel besser als ein guter Wille
Wirkt manchmal eine gute Pille.

Wilhelm Busch

»Niesen ist unmodern geworden«

Von Husten, Schnupfen, Heiserkeit

Liebe und Husten
kann man nicht verbergen.

Deutsches Sprichwort

Die Nase

Wenngleich die Nas, ob spitz, ob platt,
zwei Flügel – Nasenflügel – hat,
so hält sie doch nicht viel vom *Fliegen*;
das *Laufen* scheint ihr mehr zu liegen.

Die Drohung mit dem vernachlässigten Schnupfen ist für die Ärzte, was das Fegefeuer für die Priester ist, eine Goldquelle.

Nicolas Chamfort

Hart Schnäuzen macht blutige Nasen.

Deutsches Sprichwort

Der Schnupfen

Ich habe ihn doch wieder! Niesen ist unmodern geworden.

> In den Biedermaierjahren,
> Als die Leute noch gemütvoll waren,
> Wünschten sich: »Gesundheit!« beide Gatten.
> Oder auch: »Zum Wohlsein! wenn Sie mir
>   gestatten.«

Haben doch die meisten Leute im Laufe der Jahrzehn-
te der Tournüre Artigkeit gewissenlos eingebüßt und
opfern keine Worte weiter zur Verherrlichung des
Schnupfens. Mit Rezepten sind sie bei der Hand.

> Ich trage meinen Schnupfen heute noch mit Würde,
> Und klage nicht das launige Sommerwetter an.
> Ich finde, »klagen«, irgendwie absürde,
> Wenn man noch eben etwas schnaufen kann.

Nähm ein Verleger mir nur meine Bürde,
Die ungedruckt an meinen Ästen hängt.
Die vielen Verse werden erst zur Zierde,
Wenn ein Verlag sich druckreif danach drängt.

Gedichte, die ich in den letzten Jahren schmierte,
Prosa hellrosa, cetera, was liegt daran –
In die ich en passant die Welt einschnürte,
Beweise lieferte, dass ich was kann.

Und erst was können könnt, postwendend
postrestant.
Was drängt Ihr euch zu lindern meinen Schnupfen,
Als wären wir beinahe blutsverwandt.
– Am Abend führ ich in mein Nasenloch den
Wattetupfen –
Vorher – in Glyzerin getaucht und – schnarche dann.

Wie ein Schnupfen kuriert wird

Es ist zwar etwas Gutes für die Unterhaltung des Publikums zu schreiben, aber etwas noch weit Höheres und Edleres ist es, wenn man zur Belehrung, zum Nutzen, zum wahren Wohl seiner Mitmenschen schreibt – und das ist der einzige Zweck der folgenden Abhandlung. Wenn es mir gelänge, dadurch auch nur *einem* Leidenden wieder zur Gesundheit zu verhelfen, das Feuer der Hoffnung und Freude in seinem matten Blick aufs Neue zu entzünden und seinem erstorbenen Herzen den raschen, fröhlichen Pulsschlag vergangener Tage zurückzugeben, so wäre mir alle Mühe reichlich vergolten und jene heilige Wonne würde meine Seele durchströmen, welche der Christ fühlt, wenn er eine gute, selbstlose Tat vollbracht hat.

Da ich stets ein untadeliges Leben geführt habe, bin ich berechtigt zu glauben, dass niemand, der mich kennt, aus Furcht, ich hätte die Absicht ihn zu täuschen, meine Ratschläge zurückweisen wird. Möge das Publikum sich die Ehre antun, meine hier niedergelegten Erfahrungen bei Behandlung eines Schnupfens zu lesen – und dann meinem Beispiel folgen.

Als das weiße Haus in Virginia-City abbrannte, verlor ich meine Häuslichkeit, meine Behaglichkeit, meine Gesundheit und meinen Koffer. Der Verlust der beiden erstgenannten Artikel war leicht zu verschmerzen; denn eine Häuslichkeit ohne eine Mutter, eine Schwester oder eine entfernte junge Verwandte, welche uns die schmutzige Wäsche wegräumt, unsere Stiefel vom Kaminsims herunternimmt und uns so daran erinnert, dass jemand an uns denkt und für uns sorgt, ist nicht schwer zu finden. Und was meine Behaglichkeit betrifft, so war ich ja kein Dichter und brauchte der Schwermut über ihren Verlust nicht lange nachzuhängen. Aber eine gute Gesundheit zu verlieren und einen noch besseren Koffer, das waren ernstliche Unglücksfälle. Am Tage der Feuersbrunst zog ich mir nämlich infolge der übergroßen Anstrengung, mit welcher ich mich anschickte etwas zu tun, eine starke Erkältung zu.

Als ich das erste Mal zu niesen begann, riet mir ein Freund ein warmes Fußbad zu nehmen und dann zu Bette zu gehen. Das tat ich. Gleich darauf meinte ein zweiter, ich solle aufstehen und ein kaltes Sturzbad nehmen. Eine Stunde später versicherte mir ein dritter, man müsse einen ›Schnupfen füttern und ein Fieber aushungern.‹ Ich litt an beiden und hielt es daher für das Beste, mich des Schnupfens wegen voll und satt zu essen, dann Hausarrest zu nehmen und das Fieber eine Weile hungern zu lassen.

Bei halben Maßregeln lasse ich es in solchem Falle nie bewenden. Ich aß also nach Herzenslust und wendete meine Kundschaft einem Fremden zu, der an jenem Morgen gerade sein Speisehaus eröffnet hatte. Er stand in ehrerbietigem Schweigen dabei, bis ich meinen Schnupfen genug gefüttert hatte und fragte dann, ob die Leute in Virginia-City häufig vom Schnupfen befallen würden. Als ich erwiderte das könne wohl möglich sein, ging er hinaus und nahm sein Wirtshausschild ab.

Ich begab mich nun nach dem Büro und begegnete unterwegs abermals einem vertrauten Freunde, der mir sagte, dass es auf der Welt nichts Wirksameres gäbe, um sich vom Schnupfen zu kurieren, als wenn man ein Quart warmes Salzwasser tränke. Ich zweifelte stark, dass ich noch Platz dafür haben könne, aber versuchen wollte ich es jedenfalls. Der Erfolg war überraschend. Mir war als hätte ich meine unsterbliche Seele von mir gegeben.

Da ich meine Erfahrungen nur zum Nutzen derjenigen niederschreibe, welche von demselben Übel befallen sind wie ich, halte ich es für angemessen, sie vor den Mitteln zu warnen, die sich bei mir als unwirksam erwiesen haben. Aus vollster Überzeugung muss ich ihnen daher raten, sich vor warmem Salzwasser zu hüten. Wenn ich wieder den Schnupfen hätte und mir nur die Wahl bliebe, meine Zuflucht zu einem Erdbeben oder einem Quart Salzwasser zu nehmen, so würde ich mein Heil mit dem Erdbeben versuchen.

Nachdem der Sturm, der in meinem Innern wütete, sich etwas gelegt hatte und da zufällig kein guter Samariter mehr bei der Hand war, borgte ich mir wieder

Taschentücher und zerschnäuzte sie zu Atomen, wie ich es in den ersten Stadien meines Schnupfens getan hatte. Dies trieb ich so lange, bis ich einer Dame begegnete, die eben von jenseits der Prärie herkam. Sie hatte in einer Gegend gelebt, wo Mangel an Ärzten war, und sagte, die Not habe sie gelehrt, einfache Alltagskrankheiten mit vielem Geschick zu behandeln. Ich war überzeugt, dass sie eine lange Erfahrung hinter sich haben müsse, denn sie sah aus, als sei sie hundertfünfzig Jahre alt.

Sie mischte einen Trank aus Sirup, Scheidewasser, Terpentin und allerlei Kräutern zusammen und gab mir die Anweisung, alle Viertelstunden ein Weinglas voll davon zu nehmen. Ich ließ es jedoch bei der ersten Dosis bewenden; sie reichte hin, um mich aller moralischen Grundsätze zu berauben und die unwürdigsten Triebe in mir wachzurufen. Unter ihrem bösartigen Einfluss wälzte ich in meinem Hirn die ungeheuerlichsten und niederträchtigsten Pläne und Entwürfe, aber meine Hand war damals zu schwach, sie auszuführen. Hätten nicht die unfehlbaren Heilmittel für den Schnupfen durch wiederholte Angriffe meine Kräfte völlig erschöpft, ich wäre wahrlich imstande gewesen auf Leichenraub auszugehen.

Wie die meisten andern Leute habe ich zuweilen gemeine Regungen und handle darnach; aber bis zu einem solchen Grade von unmenschlicher Ruchlosigkeit hatte ich es noch nie gebracht, bevor ich jene Arzenei einnahm, und obendrein war ich noch stolz darauf. Nach Verlauf von zwei Tagen war ich wieder so weit, aufs Neue an mir herumdoktern zu können. Ich wandte noch mehrere untrügliche Mittel an und trieb mir schließlich die Erkältung aus dem Kopf in die Lunge.

Nun bekam ich fortwährend Hustenanfälle und meine Stimme sank unter den Nullpunkt. Ich sprach mit den Leuten in einem grollenden Bass, zwei Oktaven unter meinem gewöhnlichen Tonfall. Eine regelmäßige Nachtruhe konnte ich nur dadurch erlangen, dass ich mich in einen Zustand gänzlicher Erschöpfung hineinhustete; sobald ich aber im Schlaf zu sprechen anfing, weckte mich der Misslaut meiner Stimme wieder auf.

Mein Fall verschlimmerte sich von Tag zu Tag. Man empfahl mir Wachholderschnaps. Den trank ich. Dann Schnaps mit Sirup. Ich trank auch den. Ferner Schnaps mit Zwiebeln. Die tat ich dazu und schluckte alle drei zusammen, jedoch ohne besonderes Ergebnis.

Ich sah mich jetzt genötigt meiner Gesundheit durch Luftveränderung wieder aufzuhelfen und reiste mit meinem Kollegen, dem Zeitungsreporter Wilson, nach dem Bigler-See. Nicht ohne eine gewisse Befriedigung denke ich daran, dass wir auf ganz vornehme Weise reisten, wir benutzten nämlich die Pionierpost und mein Freund nahm sein ganzes Gepäck mit, welches aus zwei prachtvollen seidenen Halstüchern und dem Daguerrebild seiner Großmutter bestand. Dort machten wir den Tag über Segelfahrten, gingen auf die Jagd, auf den Fischfang und zum Tanz und die Nacht hindurch kurierte ich meine Erkältung. Durch diese Einrichtung gelang es mir, jede von den vierundzwanzig Stunden nutzbringend zu verwenden. Aber mein Übel wurde nur immer schlimmer.

Man riet mir nun zu einer nassen Wickelung. Bisher hatte ich kein einziges Heilmittel zurückgewiesen und es schien Torheit, jetzt noch damit anzufangen. So beschloss ich denn die Wickelung zu versuchen, obwohl ich keine Ahnung hatte, was das eigentlich für eine Veranstaltung sei. Sie wurde um Mitternacht vorgenommen und das Wasser war brennend kalt. Ein Leintuch, das mindestens tausend Meter lang zu sein schien, wurde in Eiswasser getaucht und mir um Brust und Rücken gewickelt, bis ich aussah wie der Wischer für eine der neuen Riesenkanonen.

Es ist ein grausames Verfahren. Wenn der kalte Lappen das warme Fleisch berührt, fährt man vor Schrecken zusammen und schnappt nach Atem wie ein Mensch in der Todesnot. Mir erfror das Mark in den Knochen und mein Herzschlag schien stillzustehen. Ich glaubte mein letztes Stündlein sei gekommen.

Ich warne hiermit jedermann vor kalten Wickelungen. Es gibt nichts Unbehaglicheres in der Welt – außer vielleicht, einer Dame unserer Bekanntschaft zu begegnen, die aus Gründen, die sie selbst am besten weiß, über uns hinwegsieht, oder, wenn sie uns wirklich ansieht, uns nicht kennt.

Aber, was ich noch sagen wollte, – als mein Schnupfen nach der Wickelung nicht kuriert war, empfahl mir eine befreundete Dame ein Senfpflaster auf die Brust zu legen. Das hätte mich, glaube ich, auch wirklich geheilt, wäre der junge Wilson nicht gewesen. Beim Zubettegehen legte ich mir das Senfpflaster, das ganz großartig war – es maß achtzehn Zoll im Viereck – bequem zur Hand, wo ich es erreichen konnte. Aber Wilson bekam in der Nacht Hunger und – den Rest kann sich der Leser selber denken.

Nach einem achttägigen Aufenthalt am Bigler-See ging ich nach Steamboat-Springs, wo ich Dampfbäder nahm und noch eine Masse der erbärmlichsten Arzeneien zu schlucken bekam, die je zusammengebraut worden sind. Sie würden mich ganz hergestellt haben, aber ich musste nach Virginia-City zurückkehren, wo ich es trotz der verschiedenartigsten Heilmittel, die ich jeden Tag verschlang, möglich machte, meine Krankheit durch Vernachlässigung und Ausgehen bei kalter Witterung sehr zu verschlimmern.

Endlich beschloss ich nach San Francisco zu reisen. Am ersten Tag nach meiner Ankunft daselbst sagte mir eine Dame im Gasthaus, ich solle alle vierundzwanzig Stunden ein Quart Whisky trinken und ein Freund, der in der Stadt wohnte, gab mir denselben

Rat. Das machte also zusammen zwei Quart oder eine halbe Gallone. So viel trank ich und bin noch am Leben.

In Obigem habe ich mit der allerbesten Absicht von der Welt das mannigfaltige Heilverfahren geschildert, welches ich kürzlich zur Kur meines Schnupfens durchzumachen hatte. Ich empfehle es besonders allen, die an der Schwindsucht leiden. Wenn sie einen Versuch damit anstellen und nicht gesund werden, so kann es sie höchstens umbringen.

Der Schnupfen

Ein Schnupfen hockt auf der Terrasse,
auf dass er sich ein Opfer fasse

– und stürzt alsbald mit großem Grimm
auf einen Menschen namens Schrimm.

Paul Schrimm erwidert prompt: Pitschü!
und *hat* ihn drauf bis Montag früh.

Rezepte gegen Grippe

Beim ersten Herannahen der Grippe, erkennbar an leichtem Kribbeln in der Nase, Ziehen in den Füßen, Hüsteln, Geldmangel und der Abneigung, morgens ins Geschäft zu gehen, gurgele man mit etwas gestoßenem Koks sowie einem halben Tropfen Jod. Darauf pflegt dann die Grippe einzusetzen.

Die Grippe – auch ›spanische Grippe‹, Influenza, Erkältung (lateinisch: Schnuppen) genannt – wird durch nervöse Bakterien verbreitet, die ihrerseits erkältet sind: die sogenannten Infusionstierchen. Die Grippe ist manchmal von Fieber begleitet, das mit 128° Fahrenheit einsetzt; an festen Börsentagen ist es etwas schwächer, an schwachen fester – also meist fester. Man steckt sich am vorteilhaftesten an, indem man als männlicher Grippekranker eine Frau, als weibliche Grippekranke einen Mann küsst – über das Geschlecht befrage man seinen Hausarzt. Die Ansteckung kann auch erfolgen, indem man sich in ein Hustenhaus (sog. ›Theater‹) begibt; man vermeide es aber, sich beim Husten die Hand vor den Mund zu halten, weil dies nicht gesund für die Bazillen ist. Die Grippe steckt nicht an, sondern ist eine Infektionskrankheit.

Sehr gut haben meinem Mann ja immer die kalten Packungen getan; wir machen das so, dass wir einen heißen Grießbrei kochen, diesen in ein Leinentuch packen, ihn aufessen und dem Kranken dann etwas Kognak geben – innerhalb zwei Stunden ist der Kranke hellblau, nach einer weiteren Stunde dunkelblau. Statt Kognak kann auch Möbelspiritus verabreicht werden.

Fleisch, Gemüse, Suppe, Butter, Brot, Obst, Kompott und Nachspeise sind während der Grippe tunlichst zu vermeiden – Homöopathen lecken am besten täglich je dreimal eine Fünf-Pfennig-Marke, bei hohem Fieber eine Zehn-Pfennig-Marke.

Bei Grippe muss unter allen Umständen das Bett gehütet werden – es braucht nicht das eigene zu sein. Während der Schüttelfröste trage man wollene Strümpfe, diese am besten um den Hals; damit die Beine unterdessen nicht unbedeckt bleiben, bekleide man sie mit je einem Stehumlegekragen. Die Hauptsache bei der Behandlung ist Wärme: also ein römisches Konkordats-Bad. Bei der Rückfahrt stelle man sich auf eine Omnibus-Plattform, schließe aber allen Mitfahrenden den Mund, damit es nicht zieht.

Die Schulmedizin versagt vor der Grippe gänzlich. Es ist also sehr gut, sich ein siderisches Pendel über den Bauch zu hängen: Schwingt es von rechts nach links, handelt es sich um Influenza; schwingt es aber von links nach rechts, so ist eine Erkältung im Anzuge. Darauf ziehe man den Anzug aus und begebe sich in die Behandlung Weißenbergs. Der von ihm verordnete weiße Käse muss unmittelbar auf die Grippe geschmiert werden; ihn unter das Bett zu kleben, zeugt von medizinischer Unkenntnis sowie von Herzensrohheit.

Keinesfalls vertraue man dieses geheimnisvolle Leiden einem sogenannten ›Arzt‹ an; man frage vielmehr im Grippefall Frau Meyer. Frau Meyer weiß immer etwas gegen diese Krankheit. Bricht in einem Bekanntenkreis die Grippe aus, so genügt es, wenn sich *ein* Mitglied des Kreises in Behandlung begibt – die andern machen dann alles mit, was der Arzt verordnet. An hauptsächlichen Mitteln kommen in Betracht:

Kamillentee. Fliedertee. Magnolientee. Gummibaumtee. Kakteentee.

Diese Mittel stammen noch aus Großmutters Tagen und helfen in keiner Weise glänzend. Unsere moderne Zeit hat andere Mittel, der chemischen Industrie aufzuhelfen. An Grippemitteln seien genannt:

Aspirol. Pyramidin. Bysopeptan. Ohrolax. Primadonna. Bellapholisiin. Aethyl – Phenil – Lekaryl – Parapherinan – Dynamit – Acethylen – Koollomban – Piporol. Bei letzterem Mittel genügt es schon, den Namen mehrere Male schnell hintereinander auszusprechen. Man nehme alle diese Mittel sofort, wenn sie aufkommen – solange sie noch helfen, und zwar in alphabetischer Reihenfolge, ch ist ein Buchstabe. Doppelkohlensaures Natron ist auch gesund.

Besonders bewährt haben sich nach der Behandlung die sogenannten prophylaktischen Spritzen (lac,

griechisch; so viel wie ›Milch‹ oder ›See‹). Diese Spritzen heilen am besten Grippen, die bereits vorbei
sind – diese aber immer.

Amerikaner pflegen sich bei Grippe Umschläge mit
heißem Schwedenpunsch zu machen; Italiener halten
den rechten Arm längere Zeit in gestreckter Richtung
in die Höhe; Franzosen ignorieren die Grippe so, wie
sie den Winter ignorieren, und die Wiener machen
ein Feuilleton aus dem jeweiligen Krankheitsfall. Wir
Deutsche aber behandeln die Sache methodisch:

Wir legen uns erst ins Bett, bekommen dann die
Grippe und stehen nur auf, wenn wir wirklich hohes
Fieber haben: Dann müssen wir dringend in die Stadt,
um etwas zu erledigen. Ein Telefon am Bett von weib-
lichen Patienten zieht den Krankheitsverlauf in die
Länge.

Die Grippe wurde im Jahre 1725 von dem engli-
schen Pfarrer Jonathan Grips erfunden; wissenschaft-
lich heilbar ist sie seit dem Jahre 1724.

Die glücklich erfolgte Heilung erkennt man an
Kreuzschmerzen, Husten, Ziehen in den Füßen und
einem leichten Kribbeln in der Nase. Diese Anzeichen
gehören aber nicht, wie der Laie meint, der alten Grippe an – sondern einer neuen. Die Dauer einer gewöhnlichen Hausgrippe ist bei ärztlicher Behandlung
drei Wochen, ohne ärztliche Behandlung 21 Tage. Bei
Männern tritt noch die sog. ›Wehleidigkeit‹ hinzu;
mit diesem Aufwand an Getue kriegen Frauen Kinder.

Das Hausmittel Cäsars gegen die Grippe war Lorbeerkranz-Suppe; das Palastmittel Vanderbilts ist Platinbouillon mit weichgekochten Perlen.

Und so fasse ich denn meine Ausführungen in die Worte des bekannten Grippologen Professor Dr. Dr. Dr. Ovaritius zusammen:

Die Grippe ist keine Krankheit – sie ist ein Zustand –!

JOACHIM RINGELNATZ

Der Husten

Es war einmal ein schlimmer Husten,
Der hörte gar nicht auf zu pusten.
Zwar kroch er hinter eine Hand,
Was jedermann manierlich fand.
Und doch hat ihn der Doktor Lieben
Mit Liebens Malzbonbon vertrieben.
Bemerkt sei noch: Für dies Gedicht
Bezahlte mich Herr Lieben nicht.

»Von Zeit zu Zeit tut irgendwo was weh«

Über kleine Wehwehchen und große Sorgen

> Es gibt so viele Krankheiten und nur eine Gesundheit –! ... Man muss immer genauso gesund wie die andern – man kann aber ganz anders krank sein wie jeder andere!
>
> *Arthur Schnitzler*

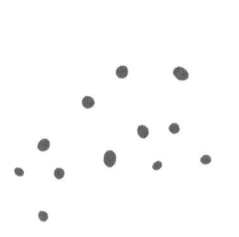

Krankgeschrieben

Man liegt im Bett mit einer Halskompresse,
Erschöpft und blaß ist man heraufgeschwankt.
Man ist des ganzen Hauses Interesse,
Und jemand sorgt, daß man das Fieber messe.
Man fehlt heut im Büro. – Man ist »erkrankt«.

Man fühlt sich wohl auf weichen, weißen Kissen.
– Von Zeit zu Zeit tut irgendwo was weh –.
Und diese Schmerzen streicheln das Gewissen,
Heut einmal seine Pflicht nicht tun zu müssen.
… Dies sühnt man außerdem mit Fliedertee.

Man sieht die Möbel an und die Gardinen.
– Man kennt sein Zimmer nur vom Abend her –.
Am Tage, wenn es hell und lichtbeschienen,
Da ist man irgendwo, um zu verdienen.
Und abends gibt es keine Sonne mehr.

Durchs Fenster dringen Stimmen von Passanten
Und der Vormittagslärm von Groß-Berlin.
Man wird besucht von Freunden und Bekannten.
Zweimal am Tage kommen die Verwandten
Und dreimal täglich kommt die Medizin …

38 So gegen elf hört man die Bolle-Glocken,
Zuweilen läutet's an der Eingangstür.
Ein Reisender empfiehlt uns Mako-Socken –.
Vom Hof her klingt des Scherenschleifers Locken
Und auch der Leiermann ist wieder hier.

Man liegt im Bett. Und draußen »pulst das Leben«
– Wie es so herrlich in Romanen heißt.
Man hat sich diesem Zwange gern ergeben
Und wird gesund mit leisem Widerstreben,
Als wär man in die Kindheit heimgereist …

Kinderkrankheiten

Diese Geschichte hat Herr McWilliams, ein freundlicher Herr aus New-York, dem Verfasser erzählt, der ihn zufällig auf einer Reise traf.

Sie können sich kaum vorstellen, Herr Mark Twain, wie schrecklich die unheilbare Krankheit, welche man die häutige Bräune nennt, in unserer Stadt gewütet hat. Ebenso schlimm als die Krankheit selbst war der Umstand, dass alle Mütter vor Angst und Schrecken fast den Verstand verloren. Hören Sie zu, was ich mit meiner Frau während jener Zeit erlebte. Eines Mittags kam ich nach Hause und machte meine Frau auf die kleine Penelope aufmerksam, indem ich bemerkte:

»Mein Herz, ich würde an deiner Stelle nicht erlauben, dass das Kind an dem Kienspan kaut.«

»Was in aller Welt soll denn das schaden?«, entgegnete sie, schickte sich aber zugleich an, den Span fortzunehmen; – ohne weitläufige Erörterung können Frauenzimmer nun einmal nicht den geringsten Rat befolgen, wenn dessen Weisheit auch noch so sehr auf der Hand liegt; d. h. *verheiratete* Frauen.

Ich erwiderte: »Herzchen, man weiß, dass keine Holzart so wenig Nährwert für ein Kind besitzt wie Tannenholz.«

Meine Frau zog die Hand zurück, mit der sie den Span ergreifen wollte und legte sie wieder in den Schoß.

»Du bist im Irrtum«, sagte sie merklich erregt; »alle Ärzte versichern, dass das Terpentin im Tannenholz für ein schwaches Rückgrat und für die Nieren sehr gut ist.«

»Ah so – ich bitte um Entschuldigung. Ich habe nicht gewusst, dass unser Kind an Rückenschwäche und an den Nieren leidet und dass der Hausarzt verordnet hat – «

»Das Kind denkt gar nicht daran, an dergleichen zu leiden – wie kommst du darauf?«

»Aber liebe Frau, du hast doch angedeutet – «

»Bewahre, so etwas ist mir nicht eingefallen.«

»Es ist ja kaum zwei Minuten her, mein Herz, dass du sagtest – «

»Dummes Zeug! Ich mag gesagt haben was ich will – jedenfalls ist es kein Unglück, dass die Kleine an einem Stück Holz kaut, wenn sie Lust dazu hat; ich dächte, du könntest das auch einsehen. Ich verwehre es ihr nicht und damit ist's gut!«

»Ereifere dich nicht, mein Kind; ich sehe schon ein, dass du Recht hast und werde gleich ausgehen, um ein paar Klafter vom besten Tannenholz zu bestellen. So lange ich lebe, soll mein Kind – –«

»O bitte, geh in dein Geschäft und lass mich einen Augenblick in Ruhe. Man kann auch nicht die gerings-

te Bemerkung machen, du musst darüber streiten,
streiten, streiten, bis du nicht mehr weißt, wovon du
sprichst – wie immer.«

»Nun gut, du sollst deinen Willen haben. Aber in
deiner letzten Bemerkung war ein Mangel an Logik,
der – –«

Ehe ich jedoch ausgeredet hatte, war sie zur Türe
hinausgesegelt und hatte das Kind mitgenommen.

Als ich am Abend desselben Tages zu Tische nach
Hause kam, trat sie mir mit kreideweißem Gesicht
entgegen.

»O Mortimer, ein neuer Fall! Der kleine George
vom Nachbar Gordon ist krank!«

»Häutige Bräune?«

»Häutige Bräune!«

»Hat der Arzt noch Hoffnung?«

»Nicht die geringste! O, was soll aus uns werden!«

Kurz darauf brachte eine Wärterin die kleine Penelope herein, um uns gute Nacht zu sagen und das üb-
liche Abendgebet auf der Mutter Schoß zu sprechen.
Aber mitten in: »Jetzt leg ich mich zu süßer Ruh«
hustete sie ein wenig. Meine Frau fuhr zurück als hätte
sie der Schlag gerührt. Doch schon im nächsten Augenblick war sie auf den Füßen, der Schrecken spornte
sie zu fieberhafter Tätigkeit.

Sie befahl, das Bett des Kindes aus der Kinderstube
in unser Schlafzimmer zu bringen, und ging selbst

mit, um die Ausführung des Befehls zu beaufsichtigen. Natürlich musste ich auch dabei sein, und wir brachten die Sache schnell in Ordnung. Für die Kinderfrau wurde ein Bett in dem Ankleidezimmer meiner Frau aufgeschlagen. Nun fiel ihr aber ein, dass wir zu weit von dem andern Kind entfernt seien, und wenn sich in der Nacht bei ihm Symptome zeigen sollten – mein armes Frauchen wurde wieder leichenblass.

Darauf schafften wir das Kinderbett und die Kinderfrau wieder in die Kinderstube und schlugen für uns beide ein Bett im Nebenzimmer auf. Plötzlich bekam meine Frau jedoch Angst, Penelope könne den Kleinen anstecken. Dieser Gedanke jagte ihr ein solches Entsetzen ein, dass ihre ganze Hilfsmannschaft das Bettchen nicht schnell genug wieder hinaustragen konnte. Meine Frau half in eigener Person und riss es beinahe in Stücke in ihrer verzweifelten Hast.

Wir zogen in den unteren Stock, aber da war nicht Platz genug, die Kinderfrau unterzubringen, und meine Frau meinte, ihre Erfahrung würde eine unschätzbare Hilfe sein. So kehrten wir denn mit Sack und Pack wieder in unser eigenes Schlafzimmer zurück und fühlten uns so glücklich, wie ein Paar vom Sturm verschlagene Vögel, die ihr warmes Nestchen wiederfinden.

Meine Frau eilte jetzt in die Kinderstube, um zu sehen, wie es dort stände. Im Nu war sie aber wieder da, von neuer Furcht ergriffen.

»Wie kann es nur kommen, dass der Kleine so fest schläft?«

»Aber mein Herz«, sagte ich, »der Kleine schläft ja immer so fest, dass er aussieht wie ein Bild.«

»Ich weiß, ich weiß; aber heute hat sein Schlaf etwas Unnatürliches. Er scheint – er scheint so regelmäßig zu atmen.«

»Aber, liebes Kind, er atmet immer regelmäßig.«

»O, das weiß ich; aber heute macht es einen schrecklichen Eindruck. Seine Wärterin ist viel zu jung und unerfahren, Marie soll bei ihr bleiben, damit sie bei der Hand ist, wenn etwas passiert.«

»Das ist ein guter Gedanke; aber, wer wird *dir* helfen?«

»*Du* kannst mir alle Hilfe leisten, die ich brauche. Ich werde mich ja sowieso in dieser schrecklichen Zeit auf keinen Menschen verlassen, sondern alles selbst tun.«

Ich erwiderte, dass ich mich selbst verachten würde, wenn ich zu Bette gehen und schlafen wollte, während sie wachte und sich um unsere Kranke mühte, die lange, bange Nacht. Doch endlich ließ ich mich überreden. So begab sich also die alte Marie wieder zurück auf ihren Posten in der Kinderstube.

Penelope hustete ein- oder zweimal im Schlaf.

»Warum nur dieser Doktor nicht kommt. – Mortimer, es ist gewiss zu warm im Zimmer. Mache den Schieber zu – schnell!«

Ich schloss die Luftheizung ab, sah nach dem Thermometer und fragte mich, ob denn 14° wirklich zu warm sei für ein krankes Kind.

Der Kutscher kam jetzt aus der Stadt mit der Nachricht, dass unser Hausarzt krank zu Bette liege. Meine Frau warf mir einen verlöschenden Blick zu und sagte mit sterbender Stimme:

»Es ist der Wille der Vorsehung. So war es vorherbestimmt. – Noch nie ist er krank gewesen, *nie!* Wir haben nicht so gelebt wie wir sollten, Mortimer. Immer und immer wieder habe ich es dir gesagt. Nun siehst du, wohin es führt. Unser Kind wird niemals wieder gesund werden. Danke Gott, wenn du es dir *je* verzeihen kannst – ich kann es mir nicht vergeben.«

Ich sagte, ohne die Worte genau zu wählen, aber durchaus nicht in der Absicht, sie zu kränken, es sei mir nicht bewusst, dass wir ein so gottloses Leben geführt hätten.

»Mortimer – willst du das Gericht Gottes auch über den Kleinen heraufbeschwören?«

Sie brach in Tränen aus – aber plötzlich rief sie:

»Der Doktor muss doch Arzenei geschickt haben!«

»Gewiss«, versetzte ich; »hier ist sie. Ich habe nur auf den passenden Moment gewartet, es dir zu sagen.«

»So gib sie doch her; weißt du nicht, dass jetzt jeder Augenblick kostbar ist! Aber ach, wozu schickt er überhaupt Arzenei, wenn er doch weiß, dass alles vergebens ist.«

Ich sagte, wo noch Leben wäre, sei auch noch Hoffnung.

»Hoffnung! – Mortimer, du weißt so wenig was du sprichst, wie ein neugeborenes Kind. Wenn du nur – Welcher Unsinn – die Anweisung sagt: alle Stunde einen Teelöffel! Einmal stündlich – als ob wir ein ganzes Jahr vor uns hätten, um das Kind zu retten! Mortimer, schnell, gib dem armen verschmachtenden Würmchen einen Esslöffel voll; nur diesmal beeile dich!«

»Aber, mein Herz, ein Esslöffel voll könnte –«

»Mache mich nicht toll! … Hier, mein Engelchen, mein süßes, nimm das hässliche bittere Zeug; es ist gut für Nelly, für Mamas süßen, kleinen Liebling und soll sie gesund machen. Da, da, da, lege dein Köpfchen an Mütterchens Brust und schlaf ein, damit du bald – – o, ich weiß, sie wird den Morgen nicht erleben! – Mortimer, einen Esslöffel alle halbe Stunde! Aber das Kind sollte auch Belladonna nehmen und Acconit. Hole die Fläschchen, Mortimer. Bitte, tue was ich sage; du verstehst ja doch nichts davon.«

Wir stellten nun das Bett des Kindes dicht an das Kopfende meiner Frau und legten uns nieder. Das viele Durcheinander hatte mich schrecklich müde gemacht, und in zwei Minuten war ich halb eingeschlafen.

Meine Frau weckte mich.

»Männchen, ist die Luftheizung offen?«

»Ich glaube nicht.«

»Das habe ich mir gedacht. Bitte mache den Schieber gleich auf; das Zimmer ist kalt.«

Ich schob ihn auf und schlief wieder ein; da wurde ich nochmals geweckt.

»Bester Mann, du könntest doch so gut sein, das Bettchen an deine Seite zu stellen, es ist näher an der Heizung.«

Ich stellte das Bett an *meine* Seite, verwickelte mich aber in den Bettteppich und weckte das Kind. Wieder verfiel ich in Schlaf, während meine Frau die kleine Kranke beruhigte. Aber nicht lange, so kamen wie aus weiter Ferne durch den Nebel meiner Schlaftrunkenheit die Worte an mein Ohr:

»Mortimer, wenn wir nur etwas Gänsefett hätten – bitte, willst du klingeln.«

Ich kletterte im Halbschlaf heraus und trat auf die Katze, welche mit einem lauten Protest antwortete; ich wollte ihr dafür einen Fußtritt verabreichen, aber der Stuhl bekam ihn statt der Katze.

»Mortimer, was fällt dir ein? Warum drehst du den Gashahn auf? Willst du das Kind zum zweiten Mal wecken?«

»Ich will sehen, ob ich mir Schaden getan habe, Evangeline.«

»Dann sieh nur auch den Stuhl an; ich bin überzeugt, er ist in Stücken. Die arme Katze; wenn du nun – –«

»Die Katze ist mir völlig gleichgültig. Das alles wäre

nicht geschehen, wenn du Marie hier behalten hättest,
um diese Pflichten zu übernehmen, die sie angehen,
und nicht mich.«

»Du solltest dich schämen, Mortimer, eine solche
Bemerkung zu machen. Wahrhaftig, wenn du die
Kleinigkeiten, um die ich dich bitte, nicht einmal be-
sorgen willst – da doch unser Kind – –«

»Schon gut, ich will ja alles tun. Aber kein Mensch
hört auf mein Läuten. Sie sind wahrscheinlich alle zu
Bett gegangen. – Wo steht das Gänsefett?«

»Auf dem Kamin im Kinderzimmer. Wenn du hin-
gehen willst und mit Marie sprechen – –«

Ich holte das Gänsefett und schlief wieder ein.
Abermals wurde ich gerufen: »Mortimer, es ist mir
schrecklich, dich zu stören, aber das Zimmer ist noch
immer zu kalt, wenn ich die Einreibung machen soll.
Könntest du nicht das Feuer anzünden? Es ist alles
zurechtgelegt, du brauchst nur ein Schwefelhölzchen
hineinzustecken.«

Ich kroch aus dem Bett, machte das Feuer an, und
setzte mich als Jammergestalt daneben.

»Mortimer, du erkältest dich zu Tode, wenn du da
sitzen bleibst. Komm zu Bett!«

Ich wollte hineinsteigen, da sagte sie:

»Nur einen Augenblick! Bitte, gib dem Kinde noch
etwas Arzenei.« – Das tat ich, und meine Frau benutz-
te die Gelegenheit, da die Kleine doch einmal wach
war, sie auszuziehen und über und über mit dem Gän-

sefett einzuschmieren. Bald schlief ich von neuem – aber nicht lange.

»Mortimer, es zieht irgendwo; ich fühle es ganz deutlich. Nichts ist verhängnisvoller bei solcher Krankheit als Zugwind. Bitte, stelle das Kinderbett näher ans Feuer.« Das tat ich und wickelte mich wieder in den Bettteppich, den ich dabei ins Feuer warf. Meine Frau sprang aus dem Bett und rettete ihn, wobei wir etwas aneinander gerieten. Nun folgte wieder eine kleine Schlafpause, bis mir befohlen wurde, einen Umschlag von Leinsamen zu machen. Dieser wurde dem Kinde auf die Brust gelegt, um dort seine heilende Wirkung zu üben.

Ein Holzfeuer hat nicht lange Bestand. Alle zwanzig Minuten stand ich auf, um das unsrige anzufachen und Holz nachzulegen; dadurch verkürzten sich auch die Zwischenräume beim Eingeben der Arzenei um zehn Minuten, was meiner Frau eine große Erleichterung war. Dazwischen erneuerte ich die Umschläge und legte einen Senfteig oder andere Zugpflaster überall da auf, wo noch eine freie Stelle an dem Kinde zu finden war. Endlich, gegen Morgen, war das Holz verbraucht, und meine Frau meinte, ich solle in den Keller gehen, um welches zu holen.

»Das ist eine schwere Arbeit, liebes Kind«, bemerkte ich. »Der Kleinen ist gewiss warm genug bei ihren vielen Umhüllungen. Wir können ihr ja auch noch eine Lage Brei auflegen und –«

Ich kam nicht zu Ende, denn ich wurde unterbro- chen. Eine Weile schleppte ich Holz herauf und kroch dann wieder in mein Bett. Bald schnarchte ich, wie nur ein Mensch schnarchen kann, der völlig abgemattet ist an Körper und Geist. Bei Tagesanbruch fühlte ich ein Rütteln an meiner Schulter, was mich schnell zur Besinnung brachte. Meine Frau stand mit stierem Blick vor mir und rang nach Luft. Sobald sie sprechen konnte, sagte sie:

»Es ist alles aus – alles aus! – Das Kind schwitzt. Was fangen wir an?«

»Mein Gott, wie du mich erschreckt hast! Ich weiß nicht, was ich dir raten soll. Vielleicht wenn wir alles abkratzten und Penelope wieder in den Zug brächten –«

»Welcher Blödsinn! – Jetzt ist kein Augenblick zu verlieren! Hole den Doktor, schnell! Du musst *selbst* gehen. Bringe ihn her, tot oder lebendig.«

Ich zerrte den armen kranken Mann aus dem Bett und brachte ihn zu uns. Er sah das Kind an und sagte, es läge nicht im Sterben. Das war mir eine unaussprechliche Freude, aber meine Frau wurde so böse, als habe er sie persönlich beleidigt. Dann meinte er, der Husten des Kindes wäre nur durch einen kleinen Reiz in der Kehle verursacht. Wie er das sagte, fürchtete ich fast, meine Frau würde ihm die Türe weisen. Der Doktor wollte die Kleine nun stärker zum Husten bringen, um die Störung zu beseitigen. Er gab ihr etwas ein, sie hustete heftig, und heraus kam – ein kleiner Holzsplitter.

»Das Kind hat keine Bräune«, sagte der Arzt. »Es hat an einem Stück Tannenholz gekaut, und ein paar kleine Splitter in den Hals bekommen. Die werden ihm nichts schaden.«

»Nein«, sagte ich, »das glaube ich auch. Das Terpentin darin ist sogar sehr gut für einige Krankheiten, die bei Kindern vorkommen. Meine Frau kann Ihnen das sagen.«

Aber das tat sie nicht. Sie wendete sich empört von uns ab und verließ das Zimmer. Seit der Zeit ist in unserm ehelichen Leben *eine* Episode, die wir nie erwähnen. Im Übrigen fließt der Strom unserer Tage in ungetrübter Heiterkeit dahin.

Sehr wenig Ehemänner haben ähnliche Erfahrungen gemacht, wie Herr McWilliams; deshalb dachte der Verfasser dieses Buches, die Sache würde durch ihre Neuheit vielleicht in den Augen des Lesers ein flüchtiges Interesse erhalten.

Medizinischer Sinnspruch: Was den
Vätern alte Hosen, sind den Söhnen
die Neurosen.

Karl Kraus

Jeder Monat des Jahres hat einen eigentüm-
lichen und unmittelbaren, d. h. vom Wetter unabhängigen Einfluss auf unsere Gesundheit, unsere körperlichen Zustände
überhaupt, ja, auch auf die geistigen.

Arthur Schopenhauer

Der siebente Zwerg

Ich bin der siebente Zwerg.

Dass Schneewittchen bei uns war und wie es ihr erging, das wisst ihr alle. Aber mich kennt ihr nicht.

In meinem Bettchen hat sie geschlafen, nachdem sie die sechs andern versucht und zu klein gefunden hatte. Meines war auch zu klein. Aber sie blieb drin. Und ich lag bei dem sechsten Bruder und konnte nicht schlafen, so viel musst' ich hinüberschauen nach dem schönen Menschenkind.

Moosweibchen kannt' ich wohl. Die sind süß-träg, aber allzu anhänglich. Gnomenweibchen auch, die sind geschäftig und munter, aber sie halten nicht still. Den tanzenden Elfen auf feuchter Mondwiese hab ich bisweilen zugesehn. Ihre Schleier sind nicht zu fassen, so dünn, so unbestimmt. Aber dies Menschenkind … Wie sie uns Kusshände nachwarf am andern Morgen, als wir zur Arbeit gingen! Ich war der Letzte in der Tür. Mein Herz pochte heftig wie ein kleiner Silberhammer.

Unsern Haushalt hat sie reizend geführt. Immer gab es Blumen auf dem Tisch. Aber in den Ecken war nicht gut ausgefegt. Das mussten der Sechste und ich nachholen. Ich tat's gern.

Ihr wisst, wie wir dann Unglück hatten mit dem

Schneewittchen. Den Giftkamm der bösen Königin, ich zog ihn selbst aus Schneewittchens Haar, das mich dabei ganz bedeckte.

Den Schnürleib, darin die Hexe sie ersticken wollte, ich löst' ihn ihr ab, ich zuerst von allen sieben entdeckte die zwängenden Schnüre.

Dann aber kam das mit dem vergifteten Apfel. Da war nicht zu helfen. Da war sie so gut wie tot. Und wir bauten den gläsernen Sarg. Als wir sie darin über Land trugen, da kam dieser Ausbund von Schönheit, der Königssohn: hellblaue Federn am Hut, glattes Wams, Puffärmel, pralle Trikots, überall prall.

Die Brüder schenkten dem Verliebten gern den Sarg mit Schneewittchen, weil er so sehr darum bat. Mir war's nicht recht.

Ich lief hinter den Sargträgern her. Sie schritten schnell mit ihren langen Menschenbeinen. Ich musste hüpfen.

Ich wollt' aber um alles noch einmal Schneewittchens Gesicht sehn. Geschwind, geschwind sprang ich durch die hohen Gräser und über die dicken Baumwurzeln mit meiner kleinen Laterne.

Als ich die Langbeinigen endlich überholt hatte und vor ihren Füßen vorbeisprang, um von vorn hineinzuleuchten in das gläserne Grab, da erschrak der nächste der Träger und stolperte. Die anderen bekamen den Ruck ab. Der Sarg schaukelte auf ihren Schultern. Sie setzen ihn ab. Sie sehn hinein. Ich seh durch ihre Beine hindurch auch hinein. Der Deckel geht auf. Schneewittchen lebt, hat das Stück Apfelgrütz in der Hand, das ihr aus dem Munde gefahren ist. Sie sagt ihr »Wo bin ich?« Der schöne Königssohn sagt sein »Bei mir!« Sie sinkt in seine Arme. Er hebt sie auf sein Ross.

Ich aber blieb stehn und hatte das Nachsehn. Und dass sie auch diesmal mir das Leben verdankte und ihren schönen Prinzen dazu, das weiß Schneewittchen bis auf den heutigen Tag nicht. Auch nicht, wie sehr ich sie geliebt habe.

Die sieben Zwerge, an die denkt sie wohl manchmal, wenn die Kinder singen: Hinter den Bergen, bei den sieben Zwergen. – Aber mich, den einen, den siebenten, den hat sie gewiss längst vergessen.

Feuermal

23. Juli

Eine Wunde am eigenen Körper, etwa an der Hand, ist etwas Faszinierendes, immer wieder Anzuschauendes, besonders wenn sie statt sich hinter einem Verband zu verbergen, unter dem heute verwendeten Wundschutz, einem glasklaren Gelee frei daliegt, wie durch ein Fensterchen läßt sich alles wahrnehmen, der Prozeß der Verschlimmerung, dann der langsamen Heilung, das Eitergelb und Feuerrot, die Krustenbildung und Verwerfung, wie ein Stück Erdgeschichte, am eigenen Leibe erlebt. Die Haut, die mehreren Häute, bei mir durch ausströmenden Dampf zerstört, versuchen sich wieder herzustellen, werden infiziert und müssen die schädlichen Stoffe zuerst austreiben, violette Ränder zeigen die Vergiftung an. Das Fensterchen war durchlässig, schwitzte Feuchtigkeit aus, was unter ihm lag, veränderte sich von Tag zu Tag, von Stunde zu Stunde, zeigte Gräben, Rillen, schwarze Punkte und weiße Flächen, streckte Zungen nach innen und außen, schien schon gebessert und schickte sich dann wieder an zu vielfacher kleiner Eruption. Es tat nicht weh, hätte also wohl vergessen werden können, wäre es nicht eben diese kleine Weltschöpfung, diese langsame Verwandlung von roh Zerklüftetem in die frühere glatte Oberfläche gewesen. Das Feuermal erschien, nachdem sich alles in eine kleine bräunliche Narbe zusammengezogen und sich diese Narbe, nicht ohne meine neugierige Nachhilfe, abgelöst hatte, noch einmal wieder, die darunter befindliche zarte neue Haut blieb, wie um zu zeigen, daß sie aus dem Feuer stammte, noch lange flammend rot, auch unnatürlich glatt, fast spiegelnd, wie ein in vertrautem Gelände plötzlich auftauchender unheimlicher See.

Hydropsie

[U]nd ich muss frische Luft haben. Vielleicht erstes
Zeichen von Hydropsie. Kann eigentlich Fremdwörter
nicht leiden. Aber mitunter sind sie doch ein Segen.
Wenn ich so zwischen Hydropsie und Wassersucht
die Wahl habe, bin ich immer für Hydropsie. Wassersucht hat so was kolossal Anschauliches.

»Kopf hoch, mein Freund«

Mitgefühl ist die beste Medizin

Wenn der schwer Gedrückte klagt:
Hülfe, Hoffnung sei versagt,
Bleibet heilsam fort und fort
Immer noch ein freundlich Wort.

Johann Wolfgang Goethe

An Rousseau

Von Herrn Chappuis höre ich, dass es mit Ihrer Gesundheit nicht zum Besten steht. Sie sollten kommen, um sich in der heimischen Luft zu stärken; Sie sollten mit mir die Freiheit genießen, die Milch unserer Kühe trinken und das Gras unserer Wiesen abweiden.

Mit philosophischem Gruß in Hochachtung und Liebe Ihr

Voltaire.

Trost

Tröste dich, die Stunden eilen,
Und was all dich drücken mag,
Auch das Schlimmste kann nicht weilen,
Und es kommt ein andrer Tag.

In dem ew'gen Kommen, Schwinden,
Wie der Schmerz liegt auch das Glück,
Und auch heitre Bilder finden
Ihren Weg zu dir zurück.

Harre, hoffe. Nicht vergebens
Zählest du der Stunden Schlag:
Wechsel ist das Los des Lebens,
Und – es kommt ein andrer Tag.

Briefe an einen jungen Dichter

Wenn etwas von Ihren Vorgängen krankhaft ist, so bedenken Sie doch, dass die Krankheit das Mittel ist, mit dem ein Organismus sich von Fremdem befreit; da muss man ihm nur helfen, krank zu sein, seine ganze Krankheit zu haben und auszubrechen, denn das ist sein Fortschritt. In Ihnen, lieber Herr Kappus, geschieht jetzt so viel; Sie müssen geduldig sein wie ein Kranker und zuversichtlich wie ein Genesender; denn vielleicht sind Sie beides. Und mehr: Sie sind auch der Arzt, der sich zu überwachen hat. Aber da gibt es in jeder Krankheit viele Tage, da der Arzt nichts tun kann als abwarten. Und das ist es, was Sie, soweit Sie Ihr Arzt sind, jetzt vor allem tun müssen.

Die Nerven

Ich hatte einen Freund, einen höchst intelligenten Menschen. Aber seine Nerven, oh, die waren gar nicht intelligent – – –.

Eines Abends im Café sagte er zu mir: »Du, Peter, du könntest mir einen riesigen Freundschaftsdienst erweisen! Ich fühle mich heute wieder so greisenhaft, so ausgelöscht – – –. Bitte sage mir nach fünf Minuten, dass ich heute besonders frisch und jugendlich aussehe – – –.«

Ich nahm die Uhr, legte sie auf den Tisch und sagte nach fünf Minuten: »Du, sage mir, was ist heute los mit dir? So jugendlich frisch hast du wirklich schon lange nicht ausgesehen – – –.«

Er wurde ganz rot vor Freude, ganz begeistert und erwiderte: »Wirklich? Das freut mich! Solche angenehmen Sachen sagt einem halt niemand auf der Welt wie du!«

Kopf hoch, mein Freund

Lass sie nur die Köpfe hängen lassen,
Wenn die Köpfe ihre eignen sind.
Wir, wir wollen unsre Segel brassen
In den Wind.

Wir, in unserm Alter, wollen wissen,
Dass der Weg nun wieder rückwärts führt. –
Glücklich, wer den freien Drang noch spürt,
Das Getrunkne über Bord zu pissen.

Wenn die Wetter lange düster grollen,
Glücklich, wer dann trotzig lächeln kann,
Ohne Herr der Woge sein zu wollen;
Sondern nur »auf See ein Fahrensmann«.

»Mitunter muss der Doktor her«

Bei Gebrechen besser den Arzt oder
die Apothekerin sprechen

Die Krankheit ist derjenige aller
Ärzte, auf den man am ehesten
hört: Der Güte und dem Wissen
macht man nur Versprechun-
gen; dem Leiden gehorcht man.

Marcel Proust

Womöglich ohne Arzt leben

Womöglich ohne Arzt leben. – Es will mir scheinen, als ob ein Kranker leichtsinniger sei, wenn er einen Arzt hat, als wenn er selber seine Gesundheit besorgt. Im ersten Falle genügt es ihm, streng in Bezug auf alles Vorgeschriebene zu sein; im andern Falle fassen wir Das, worauf jene Vorschriften abzielen, unsere Gesundheit, mit mehr Gewissen ins Auge und bemerken viel mehr, gebieten und verbieten uns viel mehr, als auf Veranlassung des Arztes geschehen würde. – Alle Regeln haben diese Wirkung: vom Zwecke hinter der Regel abzuziehen und leichtsinniger zu machen. – Und wie würde der Leichtsinn der Menschheit ins Unbändige und Zerstörerische gestiegen sein, wenn sie jemals vollkommen ehrlich der Gottheit als ihrem Arzte Alles überlassen hätte, nach dem Worte »wie Gott will«! –

Unsre Ärzte

Seit ihr so eifrig im Studieren,
Muss meine Hoffnung auf Genesung scheitern,
Ihr wollt nicht eure Kranken kurieren,
Sondern nur eure Wissenschaft erweitern.

Irrtümer der Ärzte

Die Irrtümer der Ärzte sind ohne Zahl. Sie sündigen
für gewöhnlich durch Optimismus, was die Lebens-
weise betrifft, und durch Pessimismus hinsichtlich
des Ausgangs. »Wein?, mäßig genossen kann er Ihnen
nicht schaden, letztlich ist er ein Stärkungsmittel …
Die Fleischeslust?, schließlich handelt es sich um eine
Körperfunktion. Ich gestatte sie Ihnen in Maßen, ver-
stehen Sie mich recht. In allem ist die Übertreibung
von Übel.« Welche Versuchung dann für den Kranken,
umgehend den beiden Genesungsmitteln zu entsa-
gen, dem Wasser und der Enthaltsamkeit! Hat man
dagegen etwas am Herzen, zu hohe Eiweißwerte,
usw., so hat man das nicht lange. Gern werden ernst-
hafte, funktionale Störungen einem eingebildeten
Krebs zugeschrieben. Es ist nutzlos, Arztbesuche fort-
zusetzen, die ein unausweichliches Übel nicht behe-
ben können. Wenn der sich selbst überlassene Kranke
dann eine radikale Diät auf sich nimmt und gesund
wird oder doch wenigstens überlebt, wird der Arzt,
wenn er von ihm in der Avenue de l'Opéra gegrüßt
wird, obwohl er ihn längst im Père-Lachaise vermutet,
in diesem Ziehen des Hutes eine Geste frechen Spotts
erblicken. Ein harmloser Spaziergang, der vor seiner
Nase und unter seinen Augen stattfindet, könnte ei-

nen Schwurgerichtspräsidenten, der den anscheinend unbeschwerten Müßiggänger zwei Jahre zuvor zum Tode verurteilt hat, kaum in größeren Zorn versetzen. Die Ärzte (nicht alle, wohlgemerkt, und wir übersehen nicht, im Geiste, die rühmlichen Ausnahmen) sind im Allgemeinen eher unzufrieden und irritiert über die Widerlegung ihres Verdikts als froh über dessen Bestätigung.

Der Zahnarzt

Zwei Tagdiebe, die schon lange in der Welt miteinander herumgezogen, weil sie zum Arbeiten zu träg, oder zu ungeschickt waren, kamen doch zuletzt in große Not, weil sie wenig Geld mehr übrig hatten, und nicht geschwind wussten, wo nehmen. Da gerieten sie auf folgenden Einfall: Sie bettelten vor einigen Haustüren Brot zusammen, das sie nicht zur Stillung des Hungers genießen, sondern zum Betrug missbrauchen wollten. Sie kneteten nämlich und drehten aus demselben lauter kleine Kügelein oder Pillen, und bestreuten sie mit Wurmmehl aus altem zerfressenem Holz, damit sie völlig aussahen wie die gelben Arzneipillen. Hierauf kauften sie für ein paar Batzen einige Bogen rotgefärbtes Papier bei dem Buchbinder (denn eine schöne Farbe muss gewöhnlich bei jedem Betrug mithelfen). Das Papier zerschnitten sie alsdann und wickelten die Pillen darein, je sechs bis acht Stücke in ein Päcklein. Nun ging der eine voraus in einen Flecken, wo eben Jahrmarkt war, und in den »Roten Löwen«, wo er viele Gäste anzutreffen hoffte. Er forderte ein Glas Wein, trank aber nicht, sondern saß ganz wehmütig in einem Winkel, hielt die Hand an den Backen, winselte halblaut für sich, und kehrte sich unruhig bald so her, bald so hin. Die ehrlichen Landleute und Bürger, die im Wirtshaus waren, bildeten sich wohl ein, dass der arme Mensch ganz entsetzlich Zahnweh haben müsse. Aber was war zu tun? man bedauerte ihn, man tröstete ihn, dass es schon wieder vergehen werde, trank sein Gläslein fort, und machte seine Marktaffären aus. Indessen kam der andere Tagdieb auch nach. Da stellten sich die beiden Schelme, als ob noch keiner den andern in seinem Leben gesehen hätte. Keiner sah den andern an, bis der zweite durch das Winseln des erstern, der im Winkel saß, aufmerksam zu werden schien. »Guter Freund«, sprach er, »Ihr scheint wohl Zahnschmerzen zu haben?« und ging mit großen und langsamen Schritten auf ihn zu. »Ich bin der Doktor Schmauzius Rapunzius von Trafalgar«, fuhr er fort. Denn solche fremde volltönige Namen müssen auch zum Betrug behülflich sein, wie die Farben. »Und wenn Ihr meine Zahnpillen gebrauchen wollt«, fuhr er fort, »so soll es mir eine schlechte Kunst sein, Euch mit einer, höchstens zweien, von Euren Leiden zu befreien.« – »Das wolle Gott«, erwiderte der andere Halunk. Hierauf zog der saubere Doktor Rapunzius eines von seinen roten Päcklein aus der Tasche, und verordnete dem Patienten ein Kügelein daraus auf den bösen Zahn zu legen und herzhaft darauf zu beißen. Jetzt streckten die Gäste an den andern Tischen die Köpfe herüber, und einer um den andern kam herbei, um die Wunderkur mit anzusehen. Nun könnt ihr euch vorstellen, was geschah. Auf diese erste Probe wollte zwar der Patient wenig rühmen, vielmehr tat er einen entsetzlichen Schrei. Das gefiel dem Doktor. Der Schmerz, sagte er, sei jetzt gebrochen, und gab ihm geschwind die zweite Pille zu gleichem Gebrauch. Da war nun plötzlich aller Schmerz verschwunden. Der Patient sprang vor Freuden auf, wischte den Angstschweiß von der Stirne weg, obgleich keiner daran war, und tat, als ob er seinem Retter zum Danke etwas Namhaftes in die Hand drückte. – Der Streich war schlau angelegt, und tat seine Wirkung. Denn jeder Anwesende wollte nun auch von diesen vortrefflichen Pillen haben. Der Doktor bot das Päcklein für 24 Kreuzer, und in wenig Minuten waren alle verkauft. Natürlich gingen jetzt die zwei Schelme wieder einer nach dem andern weiters, lachten, als sie wieder zusammenkamen, über die Einfalt dieser Leute, und ließen sich's wohl sein von ihrem Geld.

Das war teures Brot. So wenig für 24 kr. bekam man noch in keiner Hungersnot. Aber der Geldverlust war nicht einmal das Schlimmste. Denn die Weichbrotkügelein wurden natürlicherweise mit der Zeit steinhart. Wenn nun so ein armer Betrogener nach Jahr und Tag Zahnweh bekam, und in gutem Vertrauen mit dem kranken Zahn einmal und zweimal darauf biss, da denke man an den entsetzlichen Schmerz, den er, statt geheilt zu werden, sich selbst für 24 Kreuzer aus der eigenen Tasche machte. Daraus ist also zu lernen, wie leicht man kann betrogen werden, wenn man den Vorspiegelungen jedes herumlaufenden Landstreichers traut, den man zum ersten Mal in seinem Leben sieht, und vorher nie, und nachher nimmer; und mancher, der dieses liest, wird vielleicht denken: »So einfältig bin ich zu meinem eigenen Schaden auch schon gewesen.« – Merke: Wer so etwas kann, weiß an andern Orten Geld zu verdienen, läuft nicht auf den Dörfern und Jahrmärkten herum mit Löchern im Strumpf, oder mit einer weißen Schnalle im rechten Schuh, und am linken mit einer gelben.

Der Wunderarzt

Ich bin weder Mediziner noch Kurpfuscher, ja, es wird wenig Menschen geben, die in der Heilkunst so unbewandert sind wie ich. Und doch habe ich einmal durch einen Zufall ein Leiden erkannt, um dessen Findung sich berühmte Ärzte seit geraumer Zeit vergebens bemüht hatten.

Ich fuhr, nach dem letzten Kriege, zu einer Tagung ins Rheinland; ich sollte bei reichen Leuten wohnen, die ich noch nicht kannte. Der Schnellzug war übervoll, aber ich hatte einen Sitzplatz ergattert. Keinen sehr angenehmen, denn er lag im Feuerbereich eines Gespräches, das zwei Krankenschwestern miteinander führten und dem ich als Zwangshörer entnahm, daß sie beide selbst aus einer Heilstätte kamen, wo sie von schweren Leiden genesen waren. Ich hatte die Landschaft betrachtet, ich nahm eine Zeitung zur Hand, aber gegen das durchdringende Geschwätz dieser ältlichen Frauen gab es keine Rettung; sie wetteiferten prahlerisch – und im Schweigen der andern Fahrgäste sich badend –, wer die kränkere von ihnen gewesen sei.

Jetzt war die jüngere dran und ließ die andre nicht mehr zu Wort kommen. Entsetzliche Nervenschmerzen hatte sie gehabt, von den Fingerspitzen bis zu den Schultern, Kopfweh, Schwindelanfälle. Niemand hatte Rat gewußt. Von allen Ärzten ihrer Klinik war sie untersucht und behandelt worden, Chirurgen und Internisten hatten sich um sie bemüht, der Chef sagte, es wäre doch lächerlich, wenn man das nicht herausbringe.

Umständlich und mit der schönen Unbefangenheit der Leute vom Fach erzählte sie, wie sie geröntgt, wie alles geprüft worden sei – und endlich habe man es herausgebracht: Ein Typhusherd habe sich im Halswirbel festgesetzt gehabt ... Und mit vielen Ahs und Ohs und »Denken Sie nur!« und »Wer hätte das gedacht?« hatte sie schließlich ihre Geschichte zu Ende gebracht, und ich stieg aus; was der andern gefehlt hatte, erfuhr ich nicht mehr.

Ich kam in das Haus meines Gastgebers, wir setzten uns abends zu Tische, auch der Arzt der Familie war eingeladen. Die Hausfrau machte einen leidenden Eindruck und zog sich bald zurück; wir kamen auf ihr Leiden zu sprechen: Nervenschmerzen, von den Fingerspitzen bis zu den Schultern, Kopfweh, Schwindelanfälle ... Das hatte ich doch heute schon einmal gehört. Ich erzählte so beiläufig wie möglich, was ich mir noch gemerkt hatte: ein wunderlicher, ein seltner Fall! »Daran haben wir auch schon gedacht«, sagte der Hausarzt, aber wie er's sagte, bewies mir, daß er noch

nicht daran gedacht hatte. Nach Wochen hörte ich zu
meiner Freude, man sei dem Übel auf die Spur gekommen, und die Kranke befinde sich auf dem Wege der Genesung …

»Wie himmlisch Freude labt nach Schmerzen«

Ein hartes Stück Genesungsarbeit

Mein ganzes Zimmer riecht nach Wald,
Das machen die kienenen Tische,
Glaub mir, ich muss genesen bald
In dieser Harzesfrische.

Theodor Fontane

Der Fall Elmer

Sie fand Elmer in der Badewanne sitzend, den Kopf zurückgelehnt, die Augen offen, mit dem Blick eines erlegten Wildes. Sein Antlitz streckte, sozusagen, alle viere von sich. Der rechte Arm, in der Hand die Literaturseite der *New York Times*, hing über den Seitenrand der Wanne. Auf dem Tischchen lagen Bücher und Zeitschriften. Eine, aufgeblättert, schwamm im Wasser.

»Ist dir nicht wohl?« fragte Harriet.

»Nur dieses Schwindelgefühl.«

»Schon wieder! Dagegen muß endlich etwas geschehen.«

Sie half ihm aus der Wanne und ins Nebenzimmer auf den Diwan. Mit schwacher Stimme verlangte er nach der *Saturday Review of Literature*.

Harriet aber rief Doktor W. M. Brailey an. Brailey war ein Psychosomatiker, ein Leib-Seelen-Arzt moderner Schule, und wußte vieles über die wunderlichen Streiche, die der Geist dem Körper zu spielen imstande ist. Er untersuchte und befragte Elmer eingehend. »Bevor ich Ihnen meine Diagnose mitteile und die nötige Behandlung«, sagte er zu Harriet, »möchte ich hören, was Sie an bedenklichen Symptomen im Verhalten Ihres Mannes beobachtet haben.«

»Krankhaftes eigentlich nichts – außer seinem unersättlichen Lesebedürfnis. Das hat ihn auch seine Stellung in der Landeskreditanstalt gekostet, weil er immer heimlich hinter dem Schalter las wie als Schuljunge unter der Bank. Gott sei Dank hat er rechtzeitig von seiner Tante so viel geerbt, daß er nichts zu verdienen braucht. Aber nun tut er überhaupt nichts mehr als lesen.«

»Was liest er?«

»Alles. Was Bücher betrifft, ist er – ich kann's nicht milder ausdrücken – gefräßig. Hemmungslos. Ist er wo zu Gast und sieht ein Regal mit Büchern, gleich schleicht er sich hin, zieht einen Band heraus und liest ein bißchen was.«

»Aha!« sagte der Arzt und nickte, als paßte das zu seiner Theorie des Falls. »Er nascht!«

»Hören Sie, was er sich kürzlich geleistet hat. Er war bei einem Freund zu Besuch, der eine große Bibliothek besitzt, aber grundsätzlich nichts aus ihr verborgt. Was tut Elmer? Er schreibt heimlich seinen Namen in die Bücher, auf die er scharf ist, und verlangt sie dann als sein Eigentum zurück! Dann noch etwas. Es mag sein in welcher Gesellschaft immer, und man mag sprechen über weiß der Teufel was – mittendrin läßt Elmer etwas los von dem und über das, was er gerade gelesen hat. Er ist da nicht zu halten.«

Doktor Brailey nickte abermals wie bestätigt in seiner Ansicht des Falls: »Ich verstehe. Ein plötzlich auftretender Drang nach Ausscheidung, der befriedigt sein will.«

»Aber vor Leuten, Herr Doktor?! In Gesellschaft?! Das ist doch unanständig. Alle sitzen verlegen da, wissen nicht, wohin schauen vor Ungeduld ... und laden uns nicht mehr ein.« Harriet führte ihr Taschentuch an die Augen.

»Kein Grund zu verzagen«, tröstete sie der Doktor. »Elmers Zustand ist unangenehm, für ihn wie für andere. Aber wir können ihm helfen. Grob und kurz gesagt: Ihr Mann leidet an Überfütterung des Gehirns. Er hat da drinnen«, der Doktor tippte auf seinen Kopf, »zuviel Fett angesetzt. Das muß wieder weg. Er muß geistig abnehmen. Durch entsprechende Diät vor allem. Wir wollen gradatim vorgehen. Also: einmal in der Woche schalten wir eine Art Fasttag ein, wo er nichts Substantielles zu lesen bekommt. Höchstens Zeitungen. Tageszeitungen. Das Fett – Literaturseite und dergleichen – schneiden Sie weg. Klagt er über Hunger, so geben Sie ihm mystery stories. Ad libitum. Detektivgeschichten sind für die geistige Verdauung, was Weißkäse oder Salatblätter für die körperliche. Sie flutschen durchs Hirn, ohne dort nennenswerte Rückstände zu hinterlassen. Erlaubt sind ferner Bücher in einer fremden Sprache, die Elmer nicht versteht.«

Harriet schüttelte das Haupt. »Das habe ich schon versucht. Ohne Erfolg. Sie müssen wissen, wenn Elmer nachts aufwacht, greift er sofort nach einem der Bücher auf seinem Nachttisch. Einmal – es war nach seiner Blinddarmgeschichte, und er sollte nur viel schlafen – schaffte ich das Zeug vom Nachttisch beiseite und legte statt dessen so ein Buch hin, wie Sie eben sagten.«

»Was für ein Buch?«

»Eines in türkischer Sprache.«

»Die versteht er nicht?«

»Keine Silbe.«

»Nun und?«

Harriet machte eine Gebärde der Hilflosigkeit. »Nun, ob Sie's glauben oder nicht, Doktor – er hat es gelesen! Und am andern Tag sich sehr anerkennend über den Autor geäußert.«

»Interessant«, sagte Doktor Brailey. »Wir müssen versuchen, ihn abzulenken. Besuche von Freunden …«

»Ich habe Ihnen doch erzählt, wie er's mit denen treibt. Sie weichen ihm aus, weil er immer gleich von Büchern redet. Der einzige Mensch, bei dem er nicht auf literarische Gedanken kommt, bin ich.«

»Sehr gut«, sagte der Doktor. »Sie sollten überhaupt darauf sehen, daß Elmer möglichst viel mit ungebildeten Leuten verkehrt.«

»Ungebildete Leute! Wo die finden! In unseren Kreisen!«

Doktor Brailey trat ans Fenster, blickte auf die Straße, in der viele Menschen gingen. »Freilich, freilich«,

sagte er, mehr zu sich sprechend als zu Harriet. »Das
ist der Krebsschaden unserer Zivilisation. Diese epi-
demische Verbreitung der Bildung. Diese Infektion
der Menschheit mit geistigen Interessen. Wir vermeiden übermäßige Ausnutzung des Ackerbodens, der
der Bevölkerung leibliche Nahrung schafft. Aber mit
dem Boden, aus dem das Brot für ihren Verstand
wächst, mit dem treiben wir Raubbau.« Er wandte sich
wieder zu Harriet. »Wissen Sie, wieviel Bücher soge-
nannter schöner Literatur unser Amerika in jeder
Stunde jedes Jahres publiziert? Drei! Das sind zwei-
undsiebzig am Tag, zweitausendeinhundertsechzig
im Monat, mehr als eine Viertelmillion im Jahr!«

»Mein Gott!« schrie Harriet. »Wie soll Elmer das
aushalten?«

»Und was tun wir«, fuhr der Arzt fort, »um diesem
Angebot die nötige Nachfrage, dieser präfabrizierten
Befriedigung das nötige Bedürfnis nach ihr zu si-
chern? Wir rotten den unverdorbenen, gesunden, der
Natur engst verbundenen Kern des Volkes aus: die
Analphabeten. Wir vergiften ihnen die reine Luft ih-
rer Unwissenheit mit den Miasmen des Abc und des
kleinen Einmaleins. Und wo halten wir jetzt? Bei der
Wasserstoffbombe!«

Traurig und verschüchtert fragte Harriet: »Was aber
soll mit Elmer geschehen?«

»Versuchen wir's immerhin mit unseren Hausmit-
telchen. Detektivgeschichten. Fettlose Zeitungskost.

Führen Sie ihn viel spazieren, aber bleiben Sie bei keiner Buchhandlung stehen. Im übrigen – vertrauen wir
auf die Natur. Oft, wo ärztliches Können versagt, ver-
fällt sie auf den richtigen therapeutischen Trick.«

Doktor Brailey behielt recht. Im Fall Elmer half die
Natur. In der Abgeschlossenheit von Literatur und
Menschen nämlich, in der Harriet ihn hielt, kam er auf
die rettende Idee, sich seine Bücher selber zu schreiben. Die Zehntausende, die er gelesen hat, liefern ihm
auf lange Zeit hinaus Material. Seit er selbst schreibt,
ist sein ungesundes Interesse an dem, was andere
schreiben, entschieden um vieles schwächer. Zufolge
der Anstrengung des Produzierens, die als Massage
auf Elmers Gehirn wirkt, zeigt dieses bereits eine
deutliche Tendenz zur Abmagerung, und er hat auch
schon einen Verleger.

Oft gehen jetzt Elmer und Harriet miteinander
spazieren. Bei Buchhandlungen bleibt er stehen. Aber
nur, um zu sehen, ob sein Buch im Schaufenster ist.

Die besten Ärzte der Welt: Doktor *Diät*,
Doktor *Ruhe* und Doktor *Heiterkeit*.

Jonathan Swift

Ich habe beschlossen, ein bisschen
fröhlich zu sein, denn man hat mir
gesagt, dass es gut für die Gesundheit ist.

Voltaire

So pflegt dem Badegast der Tag zu verfließen

Baden, den 10. Juli 1838

Mein werter Freund!

Der Arzt hat gesagt: Das Baden
Im Schwefelwasser kann mir auf keinen Fall schaden,
Und wenn ein Arzt sagt: Etwas *schadet nicht*,
So hat er vollkommen getan seine Pflicht;
Denn wenn etwas nur *nicht schadet*, so bleibt er in
   Ehren,
Dass es gar *nützen* soll, ist doch nicht zu begehren.
[...]
Ein eigentlicher *Badegast* geht morgens früh
In sein Bad, er versäumt dies nie,
Ausgenommen wenn sehr starker Wind
Oder kühle regnerische Tage sind,
Manchmal nur lässt er auch ein Bad aus,
Wenn er sich verschläft zu Haus.
Nach einer Stunde Baden geht er wieder
Und legt sich eine halbe Stunde nieder;
Gesetzt, dass er Menage hätte,
So bringt man ihm das Frühstück zum Bette,
Nach dem Bade stellt sich ein solcher Hunger ein,
Dass er schluckt zwei – drei Kipfel hinein.

Nach dem Bade geht er, wenn's schön ist, spazieren,
Und regnet's, zu *Scheiner* tarockieren;
Punkt zwölf geht er im Park auf und nieder,
Punkt eins begibt er sich nach Hause wieder,
Dann speist er, und ist dies vorbei,
So legt er sich nieder zwei Stunden oder drei,
Hierauf setzt er sich wieder zu *Scheiner* bis fünfe,
Dann macht er sich, wenn er arm ist, auf seine Strümpfe,
Ist er aber reich, so setzt er sich in den Wagen
Und lässt sich nach dem Helenental tragen,
Oder in die Krainerhütte, oder bleibt in der Näh'
Und trinkt im Doblhoff-Garten Kaffee.
Um sieben endlich geht er ins Theater vielleicht,
Auch möchlich, dass er gleich nach Hause schleicht,
Er isst noch seine Suppe dann
Und legt sich zu Bette, so schnell er kann.

So pflegt dem Badegast der Tag zu verfließen,
Die andern, welche nur das Luftbad genießen,
Die da sind, weil sie nichts anders zu tuen wissen,
Pflegen auch alles eben Gesagte mitzumachen,
Sie tun aber auch noch ganz andere Sachen:
Sie sind überall zu sehen,
Sie fahren, reiten und gehen,
Sie essen und trinken den ganzen Tag,
Sie sind den Kranken eigentlich zur Plag,
Sie bleiben im Park bis die Mitternacht kömmt,
Und dann wird noch in einem Gasthaus geschlemmt,

92   Sie machen Ausflüge nach Guttenstein,
       Und sind sie einmal eine halbe Stunde allein,
       Jagt nicht ein Vergnügen das andre in Eile,
       So klagen sie gleich über lange Weile,
       Fahren nach Wien auf einige Tage,
       Kommen wieder und führen dieselbe Klage;
       So, lieber Freund, geht's in Baden zu,
       Die einen wünschen, die andern geben nicht – Ruh.

Kuren wie Goethe

An Christiane Vulpius.

Karlsbad den 3. Julius 1806.
Ich will versuchen, dir eine Nachricht direkt nach
Lauchstädt zu schicken, weil ich vermuten kann, dass
sie dir eher zukommt als über Weimar. Du erfährst also durch Gegenwärtiges, dass wir glücklich in Karlsbad angekommen sind. [...]

Die Gegend ist hier, wie vor Alters, sehr schön. Das
Städtchen, seitdem ich es nicht gesehen habe, viel besser aufgeputzt und außerordentlich angenehme Spa-
ziergänge sind angelegt worden; woran wir uns schon
sehr vergnügt haben. Es fehlt nichts, als dass wir nicht
alle zusammen hier sind. Wir essen zusammen auf
der Stube und werden gut bedient. Das Essen ist hier
besser als sonst. [...] Wir grüßen alle zum Schönsten.
Mit dem herzlichsten Lebewohl

G.

Karlsbad den 7. Julius 1806.
Da ich nur Gutes zu erzählen habe, so will ich heute
zum zweiten Mal schreiben. Mein Brief vom 3. wird
angekommen sein. Das Wasser hat eine recht gute
Wirkung auf mich gemacht und ich denke, es soll so
fortgehen. Seitdem ich den Sprudel trinke, habe ich

keine Tropfen eingenommen und die Verdauung fängt schon an recht gut ihren Gang zu gehen. Ich werde nun so weiter fortfahren und abwarten, was es werden kann. Übrigens mutet man sich hier viel mehr zu, als zu Hause. Man steht um 5 Uhr auf, geht bei jedem Wetter an den Brunnen, spaziert, steigt Berge, zieht sich an, macht Aufwartung, geht zu Gaste und sonst in Gesellschaft. Man hütet sich weder vor Nässe, noch Wind, noch Zug und befindet sich ganz wohl dabei. Ich habe manche alte Bekannte angetroffen und ihrer schon viele neue gemacht. Morgen beziehen wir ein besser Quartier als das bisherige. Die Bälle sind übrigens hier nicht sehr belebt. Von 50 Frauenzimmern, die in weißen Kleiderchen herumsitzen, kommen vielleicht 10 zum Tanz. Übrigens gibt es Pickenicks und Spazierfahrten, die in der schönen Gegend ganz angenehm sind. Ich wünsche dir viel Vergnügen und werde heut über 8 Tage wieder schreiben. Lebe recht wohl und liebe mich. Diese Tage will ich auch an August schreiben.

G.

[...]

Karlsbad den 14. Julius 1806.
[...] Die Kur schlägt ganz gut bei mir an. Ich habe die Zeit her keine Unbequemlichkeit gehabt und hoffe das Beste, wenn ich regelmäßig fortfahre. Es gibt hier viel Unterhaltung mit alten Bekannten die man wie-

derfindet, sowie mit neuen, die man macht. Madame
Unzelmann ist angekommen und wird sich vier Wochen aufhalten. Sonst ist niemand hier, den du kennst. Es wird aber täglich voller, besonders von Russen und Polen. Auf kurze Zeit möchte ich dich und August wohl hier sehen; aber im Ganzen ist's nicht für euch. Ich freue mich, dass dir's in Lauchstädt wohlgeht. Bleibe nur daselbst, grüße Augusten, wenn er kommt, und macht euch lustig. [...] Nun sage ich dir das beste Lebewohl und hoffe bald wieder auf einen Brief von dir.

G.

Montag den 21. Julius 1806.
Dieses ist nun der vierte Brief, den du von mir erhältst. [...]

Indessen ist es mir sehr wohl gegangen. Ich habe ohne Arznei mit Wassertrinken und Baden mich hingehalten und keinen Anfall von Schmerzen gehabt, und wenn ich die Kur noch so weiter fortbrauche, so denke ich, wird es von guten Folgen sein. Es wird fleißig promeniert und an Gesellschaft fehlt es auch nicht. Die Badeliste steigt auf 650 Personen und ich habe manche Bekanntschaft gemacht. Wir essen gewöhnlich zu Hause. Manchmal sind wir zu Gaste geladen. Die hiesige Schauspieler-Gesellschaft hat etwa sechsmal gespielt, ich bin aber noch nicht ins Theater gekommen. Nach allen Erzählungen scheint es wenig

Erfreuliches zu leisten. Den Ball hab ich ein einziges Mal besucht, der aber für mich auch nicht unterhaltend war. Von deinen Bekannten wüsst' ich niemand hier, außer den dicken Herrn von Oertzen, den die Frauenzimmer in Lauchstädt vor ein paar Jahren einander abspenstig machten. Er treibt sein altes Wesen fort, aller Welt die Cour zu machen. So viel für heute. […]

G.

Lebe wohl und grüße Augusten vielmals. Auch Herrn Genast und Becker und die Frauenzimmer.

Donnerstag den 24. Julius 1806.
Dieser Brief ist einen Posttag liegen geblieben, welches mir jetzt angenehm ist, weil inzwischen dein Brief vom 17. Julius ankam. Ich habe zwar wenig hinzuzusetzen; aber doch freut mich's dir sogleich zu sagen, dass mir deine Nachrichten viel Vergnügen gemacht haben. Wenn es dir nach deinem Sinne wohlgeht und Augusten auch, so kann mir in der Ferne nichts Erfreulichers begegnen. Dagegen kann ich sagen, dass ich mich von Tag zu Tag besser befinde und dass ich auch für die Folge das Beste hoffe. Wir leben, die kleinen Unbequemlichkeiten der Kur abgerechnet, zwar nicht herrlich, doch in Freuden. An Krebsen und Forellen ist kein Mangel und das übrige Essen ist nicht schlecht. Wir gehen und fahren spazieren; wobei immer ein wenig gezeichnet wird und viel Steine

zusammengeklopft werden. Fast täglich gibt es eine
neue Bekanntschaft und man könnte lange hier sein,
ohne erschöpft zu haben, was sich alles hier befindet. [...] Mehr sage ich nicht, damit der Brief geschlos-
sen werde und nicht abermals in dieser Zerstreuung
liegen bleibe.

Karlsbad Montag den 28. Juli 1806.
[...] Ich schreibe heute zum vorletzten Mal und heute
über acht Tage wahrscheinlich zum letzten Mal.
Denn ich hoffe, dass unser Wagen richtig eintreffen
soll. Es ist mir auch diese letzte Zeit ganz wohl gegangen und ich wünschte nur, dass ich mich einge-
richtet hätte, länger hier zu bleiben, um ein 14 Tage
weder zu trinken, noch zu baden, auf meine Natur
Acht zu geben und doch in der Nähe der heilsamen
Quelle zu sein, wenn sich irgendein Übel melden
sollte. Doch kann das auf künftiges Jahr geschehen
und wir wollen hoffen, dass wir indessen so durch-
kommen. Die Hauptsache, wie ich recht wohl be-
merke, bleibt immer die Bewegung, und wenn ich sie
die nächsten acht Wochen auf eine oder die andre
Weise fortsetze, so wird es wohl ganz gut werden.
Dass du dich lustig machst, ist mir sehr angenehm
und ich erwarte, dass du mir recht viel erzählst,
wenn wir zusammenkommen. Hier geht im Ganzen
alles steifer, als jemals zu, ob ich mich gleich persönlich keinesweges zu beklagen habe: Denn es hinge

nur von mir ab, meine Bekanntschaften und Gesellschaften viel weiter auszudehnen. [...]

Täglich kommen hier noch mehr Badegäste an. Die Nummern der Liste gehen schon bis 700. [...] Bleibe nur in Lauchstädt, bis du einen Brief von mir aus Jena erhältst: Denn erst dort wird sich zeigen, ob ich noch nach Lauchstädt gehen kann und mag. Grüße alles schönstens von mir, Herrn Geheimerat Wolf und Minchen, Herrn und Frau Geheimerat Loder und alle, die sonst meiner gedenken mögen, so wie das Theater-Personal, besonders die, welche dir zunächst sind. Lebe übrigens recht wohl bei deinen Frühstücken, Mittagsessen, Tänzen und Schauspielen.

G.

Spätlese

Ich bin sehr krank
und geh zum Schrank.
Ich hol ein Glas
und fülle das
mit Moselwein.
Hm, der schmeckt fein:
Spätlese!

Ich bin genesen
und möchte lesen.
Ich hol mir was
und lese das
von abends acht
bis Mitternacht.
Auch 'ne Spätlese …

An einem heitern Morgen

O blaue Luft nach trüben Tagen,
Wie kannst du stillen meine Klagen?
Wer nur am Regen krank gewesen,
Der mag durch Sonnenschein genesen.

O blaue Luft nach trüben Tagen,
Doch stillst du meine bittern Klagen!
Du glänzest Ahnung mir zum Herzen:
Wie himmlisch Freude labt nach Schmerzen.

Der wonnige Zustand der Rekonvaleszenz

Kann eine gewisse psychologische Disposition zu organischen Störungen führen? Gibt es einen kausalen Zusammenhang zwischen der beinah tödlichen Krankheit, die ich im Jahre 1916 durchmachte, und der nationalen Kalamität jener historischen Stunde? Die Schwingen des Todes, von denen so viele meiner unbekannten älteren Brüder berührt wurden, beschatteten auch meine kindliche Stirn.

Blinddarmentzündung nahm in unserer Familie den Charakter einer Epidemie an, in verwirrendem Widerspruch zu allen medizinischen Erfahrungen und Prinzipien. Erst mussten die beiden »Kleinen« binnen achtundvierzig Stunden operiert werden; dann kam Mielein an die Reihe, und zuletzt wurden Erika und ich mit akuter Entzündung in die Klinik eingeliefert. In den vier anderen Fällen wurde die Operation gerade noch rechtzeitig ausgeführt; der Krankheitsverlauf war normal und befriedigend. Bei mir jedoch nahm die Sache eine beunruhigende Wendung. Es gab einen »Durchbruch« in meinem Inneren, irgendeine furchtbare interne Explosion, an der man eigentlich stirbt. Mit erschreckender Genauigkeit erinnere ich mich der endlosen Fahrt von unserem Hause zur Privatklinik des Hofrats Krecke, die am entgegengesetzten Ende der Stadt gelegen war. Mein Eingeweide brannte, tobte, revoltierte, schien im Begriff zu bersten. Das Sanitätsauto, eine Hölle auf Rädern, trug mich viel zu langsam durch entfremdete Straßen, über verödete Plätze, einem Ziel entgegen, dessen dunklen Namen ich nicht kannte, aber hätte erraten können, angesichts von Mieleins bebender Spannung und mühsam beherrschter Angst.

Es bedarf wohl kaum der Erwähnung, dass meine schwere Krankheit – die Tatsache, dass »der arme Klaus fast gestorben wäre« – eine Familienlegende größten Stiles werden sollte. Mir ist oft erzählt worden, und ich ward es nie müde, derlei rührenden Berichten zuzuhören, wie ich geschrien habe in meinem Schmerz und wie erschreckend abgezehrt ich war, ein wahres Skelett, nachdem ich vier oder fünf Operationen hatte über mich ergehen lassen. Es war eine »durchgebrochene Blinddarmentzündung mit Komplikationen« – was entschieden großartig und schrecklich klang. Mein Bauch musste der Länge nach geöffnet werden, damit Hofrat Krecke Gelegenheit hatte, das völlig in Unordnung geratene Gekröse auf einem kleinen Rost zu entwirren und neu zu sortieren. Von diesen mythischen Heimsuchungen ist mir freilich nichts im Gedächtnis geblieben außer einer einzigen Empfindung – dem Gefühl eines fast unerträglichen Durstes. Das rasende Verlangen nach Wasser hat alle anderen Bilder der Qual aus meiner Erinnerung ver-

drängt. Von der ganzen Krankheitsperiode ist nichts 103
übrig geblieben als ein flüchtiger Alptraum von er-
stickender Finsternis und dörrender Hitze. Er beginnt
im schaukelnden Sanitätsauto und endet scheinbar
am nächsten Morgen in unserem Tölzer Garten. Der
Schrecken ist vorüber; der Tod hat mich entlassen; der
fiebrige Durst ist gestillt. Ich halte ein großes Glas
Orangensaft in meiner Hand. Ausgestreckt auf einem
Liegestuhl im Schatten des Kastanienbaumes, atme
ich die schwere duftgesättigte Luft von Sommer und
Genesung.

Ich war ein Held, denn ich hatte überlebt. Meine
Umgebung – Familie, Personal und Nachbarn – waren
offenbar voll Anerkennung für die Seelenstärke, die
ich bewiesen hatte, indem ich dem lockenden Ruf des
Todes widerstand. Kein Wunder, dass ich begann, auf
meine ordinären Geschwister ein wenig herabzubli-
cken; denn sie »lebten« ja nur, was kein besonderes
Verdienst bedeutet, während ich – ein viel interessan-
terer Fall! – am Leben geblieben war, aller Wahrschein-
lichkeit und allen Prognosen zum Trotz. Natürlich
wurde ich verwöhnt und bekam alle Leckerbissen, die
eine geplagte Hausfrau damals noch auftreiben konnte. Der Herr Hofrat hatte ja gesagt, dass ich unbedingt
zunehmen müsste. Man redete mir zu, so viel zu essen, wie ich irgend konnte. Während die täglichen Ra-
tionen der übrigen Hausbewohner schon recht fühlbar
zusammenschrumpften, schien es allgemeine Freude

zu erregen, wenn ich mich gnädig dazu herbeiließ, noch ein belegtes Brot oder ein Stück Kuchen anzunehmen.

Aber dieser wonnige Zustand der Rekonvaleszenz konnte nicht ewig dauern. Meine Privilegien verringerten sich im genauen Verhältnis zum Fortschritt meiner Erholung. Als der Sommer vorüber war, hatte ich fast mein normales Gewicht und meine ganze Vitalität zurückgewonnen. Ich war gesund genug, den Alltag wieder auszuhalten, den strengen Alltag des dritten Kriegswinters in Deutschland.

Die Genesende

Wie ein Singen kommt und geht in Gassen
und sich nähert und sich wieder scheut,
flügelschlagend, manchmal fast zu fassen
und dann wieder weit hinausgestreut:

spielt mit der Genesenden das Leben;
während sie, geschwächt und ausgeruht,
unbeholfen, um sich hinzugeben,
eine ungewohnte Geste tut.

Und sie fühlt es beinah wie Verführung,
wenn die hartgewordne Hand, darin
Fieber waren voller Widersinn,
fernher, wie mit blühender Berührung,
zu liebkosen kommt ihr hartes Kinn.

»Auch durch ein Nadelöhr kann man Zugluft bekommen«

Über Hypochonder und Simulantinnen

Vielen geht's so gut, dass sie jeden Unglücklichen für einen Hypochonder halten.

Otto Weiß

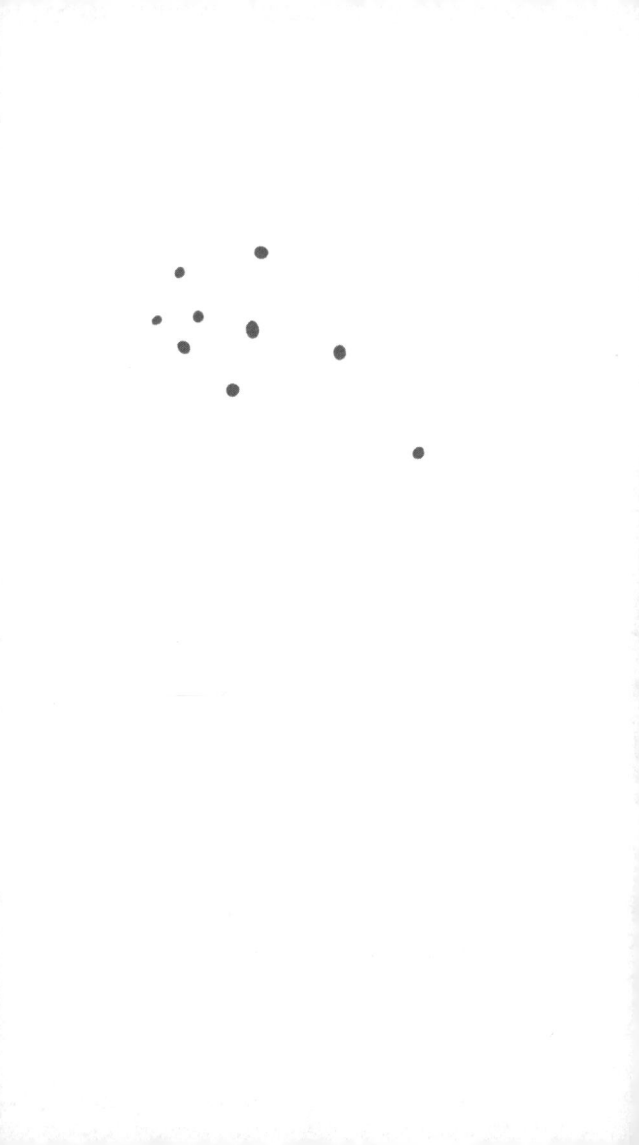

Der eingebildete Kranke

ARGAN *(sitzt allein in seinem Zimmer an einem Tisch, rechnet mit Spielmarken die Aufstellungen seines Apothekers nach und hält folgendes Zwiegespräch).* Drei und zwei macht fünf, und fünf macht zehn, und zehn macht zwanzig. Drei und zwei macht fünf. »Ferner, am vierundzwanzigsten, ein gleitfreudiges, vorbereitendes, beruhigendes Klistierchen zwecks Erweichung, Befeuchtung und Erfrischung der Eingeweide des gnädigen Herrn.« Was mir an meinem Apotheker, Herrn Fleurant, gefällt, ist der höfliche Ton seiner Rechnungen. »Für die Eingeweide des gnädigen Herrn dreißig Sous.« Ja, aber Herr Fleurant, Höflichkeit ist nicht alles, man muss auch vernünftig bleiben und darf den Kranken nicht das Fell über die Ohren ziehen. Dreißig Sous für eine Spülung! Ergebenster Diener, noch einmal! Aber Ihr habt in den anderen Rechnungen nur zwanzig Sous dafür angesetzt, und zwanzig Sous, das heißt bei euch Apothekern zehn Sous; da habt Ihr sie, zehn Sous! »Ferner, am gleichen Tage, ein gutes, reinigendes Klistier, nach ärztlicher Verordnung zusammengestellt aus einer doppelten Dosis Latwerge von Sennesstrauch und Rhabarber, Rosenhonig und anderen Ingredienzien, um den Unterleib des gnädigen Herrn auszufegen, zu spülen und zu säubern, dreißig Sous.« Mit Eurer Erlaubnis, zehn Sous. »Ferner, am Abend des gleichen Tages, einen beruhigenden, sedierenden Trank für die Leber, um dem gnädigen Herrn Schlaf zu schenken, fünfunddreißig Sous.« Dagegen will ich nichts sagen, denn ich konnte gut darauf schlafen. Zehn, fünfzehn, sechzehn und siebzehn Sous, sechs Deniers. »Ferner, am fünfundzwanzigsten, eine gute reinigende und kräftigende Arznei, nach der Verordnung des Herrn Purgon zusammengestellt aus frischer Kassie, levantinischen Sennesblättern und anderen Ingredienzien, um die Galle des gnädigen Herrn in Fluss zu bringen und abzuführen, vier Livres.« Oh, Herr Fleurant, Ihr scherzt wohl! Man muss leben und leben lassen. Herr Purgon hat Euch nicht aufgetragen, vier Francs dafür anzusetzen. Schreibt, schreibt drei Livres, wenn es beliebt! Zwanzig und dreißig Sous. »Ferner, am gleichen Tage, einen schmerzlindernden und adstringierenden Heiltrank, um dem gnädigen Herrn Ruhe zu verschaffen, dreißig Sous.« Also, zehn, fünfzehn Sous. »Ferner, am sechsundzwanzigsten, ein Beruhigungsklistier, um die Winde des gnädigen Herrn zu vertreiben, dreißig Sous.« Zehn Sous, Herr Fleurant. »Ferner, am Abend, eine Wiederholung des oben genannten Klistiers, dreißig Sous.« Herr Fleurant, zehn Sous. »Ferner, am siebenundzwanzigsten, eine gute Arznei, eigens zusammengestellt, um den Stuhlgang zu beschleunigen und die bösen Säfte des gnädigen Herrn auszuscheiden, drei Livres.« Also, zwanzig, dreißig Sous. Es gefällt mir, dass Ihr vernünftig seid. »Ferner, am achtundzwanzigsten, etwas geklärte und gesüßte Molke, um das Blut des gnädigen Herrn zu besänftigen, zu beruhigen, zu mäßigen und aufzufrischen, zwanzig Sous.« Gut, zehn Sous. »Ferner, einen herzstärkenden, vorbeugenden Trank, der Verordnung entsprechend zusammengesetzt aus zwölf Gran Bezoar, Sirup von Zitronen und Granatäpfeln und aus anderen Ingredienzien, fünf Livres.« Immer langsam, Herr Fleurant, wenn ich bitten darf! Wenn Ihr es dergestalt treibt, mag ja niemand mehr krank sein; begnügt Euch mit vier Francs! Zwanzig, vierzig Sous. Drei und zwei macht fünf, und fünf macht zehn, und zehn macht zwanzig. Dreiundsechzig Livres, vier Sous, sechs Deniers. So habe ich also in diesem Monat eins, zwei, drei, vier, fünf, sechs, sieben, acht Arzneien erhalten und eins, zwei, drei, vier, fünf, sechs, sieben, acht, neun, zehn, elf, zwölf Einläufe; im vorigen Monat waren es zwölf Arzneien und zwanzig Einläufe. Da wundere ich mich nicht, dass es mir in diesem Monat nicht so gut geht wie im vorhergehenden.

Hypochondrie

Stirbt der Hypochondrist nicht täglich aus Furcht zu sterben? Das sind jene kleinlichen Unglücklichen, von welchen ich in einem früheren Absatze sagte, dass sie der Arzt selbst verachten müsse, den sie ewig konsultieren; das sind jene freiwilligen Kandidaten der Medizin, die sich in die *ganze Krankheitslehre* hineinlesen, die sich aus Büchern Rezepte verschreiben, zu deren einem Marcus Herz, der berühmt gewordene Feind alles Schwindels, eines Tages sagte: Lieber Freund! Sie werden noch einmal an einem Druckfehler sterben!

Mikroskopische Krankheiten

Es gibt große Krankheiten, an denen man sterben kann; es gibt ferner welche, die sich, ob man gleich nicht eben daran stirbt, doch ohne vieles Studium bemerken und fühlen lassen; endlich gibt es aber auch welche, die man ohne Mikroskop kaum erkennt. Dadurch nehmen sie sich aber ganz abscheulich aus; und dieses Mikroskop ist – *Hypochondrie.* Ich glaube, wenn sich die Menschen recht darauf legen wollten, die mikroskopischen Krankheiten zu studieren, sie würden die Satisfaktion haben, alle Tage krank zu sein.

Der Simulant

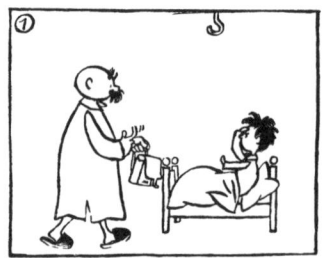

Auch durch ein Nadelöhr kann man
Zugluft bekommen.

Japanisches Sprichwort

Ja, ja, man hat der Exempel mehrere,
dass kranke Leute gestorben sind.

Johann Georg August Galletti

Der Hypochonder ist bald kuriert,
Wenn euch das Leben recht kujoniert.

Johann Wolfgang Goethe

Hier ruht mein treuster Genoss im Land,
Herr Hypochonder zubenannt;
Er starb an frischer Bergesluft,
An Lerchenschlag und Rosenduft!

Anastasius Grün

Versagen der Heilkunst

Ein Mensch, der von der Welt Gestank
Seit längrer Zeit schwer nasenkrank,
Der weiterhin auf beiden Ohren
Das innere Gehör verloren,
Und dem zum Kotzen ebenfalls
Der Schwindel raushängt schon zum Hals,
Begibt sich höflich und bescheiden
Zum Facharzt für dergleichen Leiden.
Doch dieser meldet als Befund,
Der Patient sei kerngesund,
Die Störung sei nach seiner Meinung
Nur subjektive Zwangserscheinung.
Der Mensch verlor auf dieses hin
Den Glauben an die Medizin.

Verzeichnis der Autorinnen und Autoren, Texte und Druckvorlagen

Alle mit einem * gekennzeichneten Texte wurden behutsam modernisiert.

PETER ALTENBERG (1859–1919)

64 Die Nerven*
P. A.: Diogenes in Wien. Aphorismen, Skizzen und Geschichten. Bd. 1. Berlin: Verlag Volk und Welt, 1979. S. 222.

ANONYM

13 (1) *Liebe und Husten kann man nicht verbergen*
16 (2) *Hart Schnäuzen macht blutige Nasen**
116 (3) *Auch durch ein Nadelöhr kann man Zugluft bekommen*
Die Sprichwörter und Sinnreden des deutschen Volkes in alter und neuer Zeit. Zum erstenmal aus den Quellen geschöpft, erläutert und mit Quellen versehen von J. Eiselein. Freiburg: Fridrich Wagnerische Buchhandlung, 1840. S. 426. (1)
Die deutschen Sprichwörter. Gesammelt von Karl Simrock. Einl. von Wolfgang Mieder. Stuttgart: Reclam, 1988. S. 465. (2)
Japanische Spruchweisheit. Dreihundertdreißig japanische Sprichwörter. Zürich: Verlag der Arche, 1954. S. 26. (3)

WILHELM BUSCH (1832–1908)

11 *Viel besser als ein guter Wille*
W. B.: Gesamtausgabe. Bd. 5. Hrsg. von Otto Nöldeke. München: Verlag Braun & Schneider, 1942. S. 207.

IGNAZ FRANZ CASTELLI (1780–1862)

90 So pflegt dem Badegast der Tag zu verfließen* [Titel vom Verlag]
Kornelius Fleischmann: Biedermeierliteratur in und um Baden und Bad Vöslau. Baden: Grasl, 1983. S. 175–178.

NICOLAS CHAMFORT (1741–1794)

16 *Die Drohung mit dem vernachlässigten Schnupfen*
N. C.: Maximen und Gedanken. Charaktere und Anekdoten, 1795. In: Die französischen Moralisten. Die Aphorismenbücher in vollständiger Gestalt. Übers. und hrsg. von Fritz Schalk. Leipzig: Diederich, 1938.

HEINZ ERHARDT (1909–1979)

15 Die Nase
99 Spätlese
H. E.: Der große Heinz Erhardt. Hamburg: Lappan, 2009. – © 2009 Lappan in der Carlsen Verlag GmbH, Hamburg.

ERNST VON FEUCHTERSLEBEN (1806–1849)

112 Hypochondrie* [Titel vom Verlag]
E. von F.: Zur Diätetik der Seele. Wien: Druck und Verlag von Carl Gerold's Sohn, 1861. S. 106 f.

THEODOR FONTANE (1819–1898)

57 (1) Hydropsie* [Titel vom Verlag]
62 (2) Trost
81 (3) In der Krankheit*
T. F.: Der Stechlin. Roman. Anm. von Hugo Aust. Stuttgart: Reclam, 1978. S. 70. (Universal-Bibliothek. 9910.) (1)
T. F.: Werke und Schriften. Hrsg. von Walter Keitel und Helmut Nürnberger. Bd. 23: Bekenntnisse, Lebensweisheiten, Gelegenheitsgedichte. Nachdr. der 2., rev. Aufl. Frankfurt a. M. [u. a.]: Ullstein, 1979. S. 30. (2)
T. F.: Sämtliche Werke. Bd. 20. Hrsg. von Edgar Groß, Kurt Schreinert, Rainer Bachmann, Charlotte Jolles und Jutta Neuendorff-Fürstenau. München: Nymphenburger Verlagshandlung, 1970. S. 19. (3) [1. Strophe.]

JOHANN GEORG AUGUST GALLETTI (1750–1828)

116 *Ja, ja, man hat der Exempel mehrere**
J. G. A. G.: Gallettiana. Ergötzlich und nachdenklich zu lesen. Berlin: Nicolaische Verlagsbuchhandlung, 1876. S. 50.

JOHANN WOLFGANG GOETHE (1749–1832)
59 (1) *Wenn der schwer Gedrückte klagt*
93 (2) Kuren wie Goethe* [Titel vom Verlag]
117 (3) *Der Hypochonder*
J. W. G.: Poetische Werke. Berliner Ausgabe. Bd. 3. Hrsg.
von Siegfried Seidel. Berlin: Aufbau, 1960. S. 70. (1)
J. W. G.: Goethes Werke. Hrsg. im Auftrage der Großher-
zogin Sophie von Sachsen. IV. Abteilung. 19. Bd.: Goethes
Briefe. 2. Mai 1805 – Ende 1807. Weimar: Hermann Böhlaus
Nachfolger, 1895. S. 154–167. (2)
Johann Wolfgang von Goethe: Berliner Ausgabe. Poetische
Werke. Bd. 1, Berlin: Aufbau Verlag, 1960 ff. S. 444. (3)

FRANZ GRILLPARZER (1791–1872)
70 Unsre Ärzte*
F. G.: Sämtliche Werke. Bd. 1. Ausgewählte Briefe, Gesprä-
che, Berichte. Hrsg. von Peter Frank und Karl Pörnbacher.
München: Hanser, 1960. S. 573.

ANASTASIUS GRÜN (1806–1876)
117 *Hier ruht mein treuster Genoss* *
A. G.: Der treue Gefährte. In: Gedichte von Anastasius
Grün. Leipzig: Weidmann, 1847. S. 103 f. [10. Strophe]

JOHANN PETER HEBEL (1760–1826)
73 Der Zahnarzt*
J. P. H.: Schatzkästlein des rheinischen Hausfreundes. Kritische Gesamtausg. mit den Kalender-Holzschnitten. Hrsg.
von Winfried Theiss. Stuttgart: Reclam, 1981. S. 77–79.
(Universal-Bibliothek. 142.)

FRANZ HESSEL (1880–1941)
52 Der siebente Zwerg*
F. H.: Sämtliche Werke in fünf Bänden. Hrsg. von Hartmut
Vollmer und Bernd Witte. Bd. 2: Prosasammlungen. Hrsg.
von Karin Grund-Ferroud. Oldenburg: Igel Verlag Literatur, 1999. S. 244 f.

124 MASCHA KALÉKO (1907–1975)

37 Krankgeschrieben
M. K.: Das lyrische Stenogrammheft. Kleines Lesebuch für Große. München: dtv, 2016. – © 2016 dtv Verlagsgesellschaft mbH & Co. KG, München. Mit freundlicher Genehmigung von dtv Verlagsgesellschaft mbH & Co. KG.

MARIE LUISE KASCHNITZ (1901–1974)

55 Feuermal
M. L. K.: Tage, Tage, Jahre. Aufzeichnungen. Frankfurt a. M.: Insel Verlag, 1968. S. 115 f. – © 1968 Insel Verlag, Frankfurt a. M.

KARL KRAUS (1874–1936)

51 *Medizinischer Sinnspruch*
K. K.: Ausgewählte Schriften. Bd. 4: Pro domo et mundo. München: Albert Langen, 1912. S. 135.

ELSE LASKER-SCHÜLER (1869–1945)

17 Der Schnupfen
E. L.-S.: Die Gedichte. Hrsg. und komm. von Gabriele Sander. Stuttgart: Reclam, 2016. S. 213 f.

GEORG CHRISTOPH LICHTENBERG (1742–1799)

113 Mikroskopische Krankheiten* [Titel vom Verlag]
G. C. L.: Vermischte Schriften. Neue vermehrte, von dessen Söhnen veranstaltete Original-Ausgabe. Bd. 1. Göttingen: Verlag der Dieterichschen Buchhandlung, 1844. S. 173.

KLAUS MANN (1906–1949)

101 Der wonnige Zustand der Rekonvaleszenz* [Titel vom Verlag]
K. M.: Der Wendepunkt. Ein Lebensbericht. Mit Textvarianten und Entwürfen im Anhang hrsg. und mit einem Nachw. von Frederic Kroll. Reinbek bei Hamburg: Rowohlt, 1993.

109 Der eingebildete Kranke*

M.: Der eingebildete Kranke. Komödie in drei Aufzügen. Übers. und Nachw. von Doris Distelmaier-Haas. Stuttgart: Reclam, 1981. S. 5–7. (Universal-Bibliothek. 1177.)

CHRISTIAN MORGENSTERN (1871–1914)

27 Der Schnupfen

C. M.: Alle Galgenlieder. Stuttgart: Reclam, 2019. S. 169. (Universal-Bibliothek. 19457.)

FRIEDRICH NIETZSCHE (1844–1900)

69 Womöglich ohne Arzt leben* [Titel vom Verlag]

F. N.: Morgenröte. In: Sämtliche Werke. Kritische Studienausgabe in 15 Bänden. Hrsg. von Giorgio Colli und Mazzino Montinari. Bd. 3. München / Berlin / New York: Deutscher Taschenbuch Verlag / de Gruyter, 1980. S. 230.

E. O. PLAUEN (d. i. Erich Ohser, 1903–1944)

114 Der Simulant

e. o. p.: Vater und Sohn. 150 Bildgeschichten. Mit einem Nachw. von Elke Schulze. Stuttgart: Reclam, 2015. S. 101.

ALFRED POLGAR (1873–1955)

83 Der Fall Elmer

A. P.: Kleine Schriften. Hrsg. von Marcel Reich-Ranicki in Zusarb. mit Ulrich Weinzierl. Bd. 3: Irrlicht. Reinbek bei Hamburg: Rowohlt, 1984. S. 272–277. – © 1982 Rowohlt Verlag GmbH, Hamburg.

MARCEL PROUST (1871–1922)

67 (1) *Die Krankheit ist derjenige aller Ärzte*

71 (2) Irrtümer der Ärzte* [Titel vom Verlag]

M. P.: Auf der Suche nach der verlorenen Zeit. Bd. 4: Sodom und Gomorrha. Übers. und Anm. von Bernd-Jürgen Fischer. Stuttgart: Reclam, 2015. S. 203 (1), 61 f. (2).

RAINER MARIA RILKE (1875–1926)

63 (1) Briefe an einen jungen Dichter*
105 (2) Die Genesende
R. M. R.: Briefe an einen jungen Dichter. Leipzig: Insel, 1929. S. 48 f. (1)
R. M. R.: Sämtliche Werke. Hrsg. vom Rilke-Archiv. In Verb. mit Ruth Sieber-Rilke bes. durch Ernst Zinn. Bd. 1. Wiesbaden: Insel, 1955. S. 514. (2)

JOACHIM RINGELNATZ (1883–1934)

33 (1) Der Husten [Titel vom Verlag]
65 (2) Kopf hoch, mein Freund
J. R.: Das Gesamtwerk in sieben Bänden. Hrsg. von Walter Pape. Bd. 1: Gedichte. Zürich: Diogenes, 1994. S. 79. (1)
J. R.: Das Gesamtwerk in sieben Bänden. Hrsg. von Walter Pape. Bd. 2: Gedichte 2. Zürich: Diogenes, 1994. S. 217. (2)

EUGEN ROTH (1895–1976)

77 (1) Der Wunderarzt
118 (2) Versagen der Heilkunst
E. R.: Sämtliche Werke. Bd. 7: Anekdoten und Erinnerungen. Tl. 1. München/Wien: Hanser, 1983. S. 394–396 (1), S. 75 (2). – © Dr. Thomas Roth, München.

ARTHUR SCHNITZLER (1862–1931)

35 *Es gibt so viele Krankheiten**
A. S.: Anatol. Anatols Größenwahn. Der grüne Kakadu. Mit einem Nachw. von Gerhard Baumann. Stuttgart: Reclam, 1970. S. 65. (Universal-Bibliothek. 8399.)

ARTHUR SCHOPENHAUER (1788–1860)

51 *Jeder Monat des Jahres**
A. S.: Aphorismen zur Lebensweisheit. Hrsg. von Arthur Hübscher. Stuttgart: Reclam, 1949. S. 175. (Universal-Bibliothek. 5002.)

89 *Die besten Ärzte der Welt*

J. S.: Polite Conversation. In Three Dialogues. With Introduction and Notes by George Saintsbury. London: Charles Whittingham & Co., 1892. S. 151. [Übersetzung vom Verlag.]

KURT TUCHOLSKY (1890–1935)
28 Rezepte gegen Grippe*

K. T.: Gesammelte Werke. Hrsg. von Mary Gerold-Tucholsky und Fritz J. Raddatz. Bd. 3: 1929–1932. Reinbek bei Hamburg: Rowohlt, 1975. S. 777–779.

MARK TWAIN (1835–1910)
19 (1) Wie ein Schnupfen kuriert wird*
39 (2) Kinderkrankheiten*

M. T.: Ausgewählte humoristische Schriften. Bd. 3: Skizzenbuch. Stuttgart: Verlag von Robert Lutz, 1895. S. 17–22 (1), S. 23–31 (2).

LUDWIG UHLAND (1787–1862)
100 An einem heitern Morgen

L. U.: Gedichte. Stuttgart/Tübingen: J. G. Cotta'sche Buchhandlung, 1815. S. 62.

VOLTAIRE (1694–1778)
61 (1) An Rousseau*
89 (2) *Ich habe beschlossen*

V.: Kleine philosophische Aufsätze. Langewiesche-Brandt/ Kröner-Verlag, 2008. (1)

V.: Œuvres complètes. Correspondance. IX. 1760–1761. Paris: Garnier Frères, Libraries-Éditeurs, 1881. S. 285. (2) [Übersetzung vom Verlag.]

OTTO WEISS (1849–1915)
107 *Vielen geht's so gut*

O. W.: So seid Ihr! Aphorismen. Mit einem Vorw. von Georg Brandes. Stuttgart/Leipzig: Deutsche Verlags-Anstalt, 1906. S. 156.